RÉUSSIR SON ENTRETIEN D'EMBAUCHE
Par
Mickaël Hemgé

MICKAEL HEMGÉ

Au travers de ce livre, vous allez découvrir différentes étapes plus importantes les unes que les autres ainsi que de nombreux conseils pour mener à bien votre entretien d'embauche et ainsi avoir une réponse positive

Ce sommaire vous guidera dans la préparation complète d'un entretien d'embauche et vous aidera à maximiser vos chances de réussite.

Chapitre 1 :
Comprendre l'entreprise et le poste..14

Chapitre 2 :
Mettre en avant ses compétences..30

Chapitre 3 :
Préparer des réponses aux questions courantes..............................48

Chapitre 4 :
Pratiquer les réponses..63

Chapitre 5 :
Dress code et apparence..78

Chapitre 6 :
Questions à poser à l'employeur...95

Chapitre 7 :
Gérer le stress...109

Chapitre 8 :
Préparation des documents...125

Chapitre 9 :
Planification logistique..140

Chapitre 10 :
Suivi post-entretien..154

CHAPITRE 1

COMPRENDRE L'ENTREPRISE ET LE POSTE

Recherche sur l'entreprise et son secteur d'activité.

Compréhension du poste, des responsabilités et des exigences.

CHAPITRE 2

METTRE EN AVANT SES COMPÉTENCES

Identifier ses compétences et réalisations pertinentes.

Réfléchir à des exemples concrets à partager.

CHAPITRE 3

PRÉPARER DES RÉPONSES AUX QUESTIONS COURANTES

Anticiper des questions fréquemment posées.

Préparer des réponses claires et concise.

CHAPITRE 4

PRATIQUER LES RÉPONSE

Répéter ses réponses à haute voix ou avec un ami

Travailler sur l'expression verbale et non verbale

CHAPITRE 5

DRESS CODE ET APPARENCE

Choisir une tenue appropriée en fonction de la culture de l'entreprise

Soigner son apparence et son hygiène

CHAPITRE 6

QUESTIONS À POSER À L'EMPLOYEUR

Préparer des questions pertinentes à poser à l'intervieweur

Montrer un réel intérêt pour l'entreprise et le poste

CHAPITRE 7

GÉRER LE STRESS

Techniques de gestion du stress avant et pendant l'entretien

Pratiquer la respiration profonde et la relaxation

CHAPITRE 8

PRÉPARATION DES DOCUMENTS

Rassembler des copies de son CV, de lettres de recommandation, etc

Organiser un dossier propre et professionnel

CHAPITRE 9

PLANIFICATION LOGISTIQUE

Confirmer l'heure, la date et le lieu de l'entretien

Prévoir suffisamment de temps pour se rendre sur place

CHAPITRE 10

SUIVI POST-ENTRETIEN

Envoyer un e-mail de remerciement pour exprimer sa gratitude

Suivre le processus de recrutement et rester en contact

CHAPITRE 1

COMPRENDRE L'ENTREPRISE ET LE POSTE

Recherche sur l'entreprise et son secteur d'activité

La recherche sur l'entreprise et son secteur d'activité est une étape fondamentale pour bien préparer un entretien d'embauche. Elle démontre votre intérêt pour l'entreprise, votre compréhension du contexte de l'entretien et votre capacité à vous adapter à l'environnement professionnel. Dans cet article, nous explorerons en détail l'importance de cette recherche, les différentes sources d'information à votre disposition, et comment utiliser ces informations pour briller lors de l'entretien.

L'importance De La Recherche Sur L'entreprise Et Le Secteur D'activité :

La recherche approfondie sur l'entreprise et son secteur d'activité est cruciale pour plusieurs raisons :

Démontrer votre intérêt : En effectuant des recherches préalables, vous montrez que vous êtes investi dans l'entreprise et le poste. Cela indique que vous êtes sérieux au sujet de l'entretien.

Comprendre la culture de l'entreprise : La recherche sur l'entreprise vous aide à comprendre sa culture, ses valeurs, sa mission et ses objectifs. Cela peut vous aider à évaluer votre adéquation avec l'entreprise.

Préparer des questions pertinentes : En apprenant davantage sur l'entreprise, vous pouvez préparer des questions pertinentes à poser à l'intervieweur. Cela montre que vous êtes engagé et que vous souhaitez en savoir plus.

Adaptation de vos réponses : Les informations que vous recueillez sur l'entreprise et le secteur d'activité vous permettent d'adapter vos réponses aux besoins spécifiques du poste.

Sources D'information Pour La Recherche Sur L'entreprise :

Pour mener une recherche approfondie sur l'entreprise et son secteur d'activité, utilisez une combinaison de sources d'information :

Site web de l'entreprise : Le site web de l'entreprise est une source essentielle d'informations. Explorez les sections sur l'entreprise, la culture, la mission, les produits ou services, les équipes et les actualités.

Rapports annuels et publications officielles : Les rapports annuels de l'entreprise fournissent un aperçu détaillé de ses performances financières, de ses objectifs et de sa stratégie. Recherchez également les publications officielles de l'entreprise.

Réseaux sociaux de l'entreprise : Les comptes de l'entreprise sur les réseaux sociaux tels que LinkedIn, Twitter, et Facebook peuvent fournir des mises à jour régulières sur ses activités et ses événements.

Actualités et presse : Consultez les articles de presse et les actualités liés à l'entreprise pour obtenir une idée de ses développements récents et de ses défis.

Réseaux professionnels : Les profils LinkedIn des employés actuels et anciens peuvent vous donner un aperçu de leur parcours et de leurs responsabilités. Vous pouvez également utiliser LinkedIn pour suivre l'entreprise.

Forums et avis : Les forums de discussion et les avis en ligne peuvent vous fournir des informations sur l'expérience d'anciens employés ou de clients de l'entreprise. Gardez à l'esprit que ces informations doivent être évaluées avec prudence.

Conseils Pratiques Pour Mener Une Recherche Efficace :

Définissez vos priorités : Commencez par identifier les aspects de l'entreprise et du secteur qui sont les plus pertinents pour le poste que vous visez. Cela vous aidera à orienter votre recherche.

Gardez un journal de recherche : Prenez des notes organisées pendant votre recherche, en notant les informations clés, les liens pertinents et les questions que vous aimeriez poser lors de l'entretien.

Analysez les tendances du secteur : En plus de vous concentrer sur l'entreprise, prenez du recul pour comprendre les tendances actuelles et les défis qui façonnent le secteur d'activité. Cela peut vous aider à discuter de manière plus informée lors de l'entretien.

Préparez des questions spécifiques : Utilisez les informations que vous avez recueillies pour formuler des questions spécifiques à poser à l'intervieweur. Cela démontre votre engagement envers le poste et l'entreprise.

Exemple De Recherche Sur L'entreprise :

Supposons que vous ayez un entretien avec une entreprise de technologie appelée "TechX". Voici un exemple de recherche sur l'entreprise et le secteur d'activité :

Site web de TechX : Vous découvrez que TechX se spécialise dans le développement de logiciels de gestion de projet pour les entreprises. Vous en apprenez davantage sur leur culture d'entreprise axée sur l'innovation et la collaboration.

Rapport annuel de TechX : Vous trouvez des informations sur la croissance de l'entreprise au cours de la dernière année, ainsi que sur ses projets d'expansion à l'international.

LinkedIn de l'employé clé : Vous consultez le profil du directeur du département auquel vous postulez et découvrez qu'il a une expérience considérable dans la gestion de projets similaires.

Actualités et presse : Vous trouvez un article récent qui met en avant l'engagement de TechX envers la durabilité et l'utilisation de sources d'énergie renouvelable dans ses bureaux.

Forums de discussion : Vous lisez des avis positifs de clients qui ont mis en avant la facilité d'utilisation et l'efficacité des produits de TechX.

Grâce à cette recherche, vous êtes mieux préparé à discuter de la culture de l'entreprise, de sa croissance récente, de l'expérience de l'intervieweur et de l'engagement de l'entreprise envers la durabilité. Cela renforce votre préparation et votre confiance pour l'entretien à venir.

Conclusion :

La recherche sur l'entreprise et son secteur d'activité est une étape cruciale pour bien préparer un entretien d'embauche. Elle vous permet de montrer votre intérêt, de comprendre la culture de l'entreprise, de préparer des questions pertinentes, et d'adapter vos réponses aux besoins spécifiques du poste. Utilisez une variété de sources d'information pour obtenir une vue d'ensemble complète de l'entreprise et du secteur d'activité, et gardez des notes organisées pour vous aider à vous préparer de manière efficace

Compréhension du poste, des responsabilités et des exigences

La compréhension du poste, de ses responsabilités et de ses exigences est une étape essentielle pour préparer efficacement un entretien d'embauche. Cette connaissance vous permet de démontrer que vous êtes un candidat sérieux et bien informé, prêt à assumer les responsabilités du poste. Dans cet article, nous explorerons en détail l'importance de comprendre le poste, comment procéder pour obtenir cette compréhension, et comment utiliser ces informations pour briller lors de l'entretien.

L'importance De Comprendre Le Poste :

La compréhension du poste revêt une grande importance pour plusieurs raisons :

Démontrer votre intérêt : Lorsque vous comprenez le poste, vous montrez que vous avez fait des recherches sur l'entreprise et que vous êtes sérieux au sujet de l'entretien.

Préparer des réponses pertinentes : En connaissant les responsabilités du poste, vous pouvez préparer des réponses qui mettent en avant vos compétences et votre expérience pertinente.

Évaluer votre adéquation : La compréhension du poste vous permet d'évaluer si vous êtes un bon ajustement pour le rôle, ce qui peut vous aider à déterminer si vous souhaitez vraiment poursuivre ce poste.

Poser des questions pertinentes : Une bonne compréhension du poste vous permet de poser des questions pertinentes à l'intervieweur, montrant ainsi que vous êtes engagé et que vous cherchez à en savoir plus.

Comment Obtenir Une Compréhension Du Poste :

Pour obtenir une compréhension complète du poste, suivez ces étapes :

Analysez l'offre d'emploi : Commencez par relire l'offre d'emploi ou la description de poste. Cela vous donne une première idée des responsabilités et des exigences du poste.

Consultez le site web de l'entreprise : Explorez le site web de l'entreprise pour en apprendre davantage sur ses activités, sa mission, sa culture et sa vision. Cherchez des informations sur le département ou l'équipe liée au poste.

Contactez des employés actuels : Si possible, entrez en contact avec des employés actuels de l'entreprise, en particulier ceux qui travaillent dans le même département ou une fonction similaire. Ils peuvent vous donner un aperçu des réalités du poste.

Examinez les rapports annuels et les publications officielles : Les rapports annuels et les publications officielles de l'entreprise peuvent fournir des informations sur les performances de l'entreprise et ses objectifs.

Utilisez les réseaux sociaux : Explorez les profils LinkedIn des employés actuels ou anciens pour en savoir plus sur leurs parcours et leurs responsabilités. Vous pouvez également suivre l'entreprise sur les réseaux sociaux.

Recherchez des informations sur le secteur d'activité : Comprenez les tendances et les défis du secteur d'activité dans lequel l'entreprise évolue. Cela peut vous aider à discuter plus intelligemment lors de l'entretien.

Conseils Pratiques Pour Utiliser Cette Compréhension Lors De L'entretien :

Préparez des réponses spécifiques : Utilisez les informations que vous avez recueillies pour préparer des réponses spécifiques qui mettent en avant vos compétences et votre expérience en relation avec les responsabilités du poste.

Soyez prêt à discuter de l'entreprise : Attendez-vous à des questions sur l'entreprise et sur la manière dont vous vous voyez contribuer à sa réussite. Utilisez votre compréhension de l'entreprise pour répondre de manière pertinente.

Posez des questions pertinentes : Profitez de votre compréhension du poste pour poser des questions pertinentes à l'intervieweur. Cela montre que vous êtes engagé et que vous cherchez à en savoir plus.

Mettez en avant vos compétences pertinentes : Lorsque vous répondez aux questions de l'intervieweur, mettez en avant des compétences et des expériences qui correspondent aux exigences du poste.

Soyez préparé à expliquer pourquoi vous êtes un bon ajustement : Préparez une réponse solide à la question courante : "Pourquoi êtes-vous un bon ajustement pour ce poste ?" Utilisez votre compréhension du poste pour expliquer en quoi vous êtes le candidat idéal.

Exemple De Compréhension Du Poste :

Supposons que vous ayez un entretien pour un poste de gestionnaire de projet dans une entreprise de technologie appelée "TechX". Voici comment vous pourriez obtenir une compréhension du poste :

Offre d'emploi : L'offre d'emploi mentionne que le gestionnaire de projet sera responsable de la gestion de projets de développement de logiciels et devra travailler en étroite collaboration avec les équipes de développement.

Site web de TechX : Le site web de TechX révèle que l'entreprise se concentre sur le développement de logiciels innovants pour les entreprises du secteur de la santé.

Contact avec un employé actuel : Vous discutez avec un employé actuel de TechX qui occupe un poste similaire et apprenez que le rôle implique également la coordination de projets avec des clients externes.

Grâce à cette compréhension du poste, vous êtes en mesure de discuter des responsabilités spécifiques du gestionnaire de projet, de mettre en avant votre expérience en gestion de projets de développement de logiciels, et de poser des questions pertinentes sur la manière dont TechX travaille avec ses clients externes.

Conclusion :

La compréhension du poste, de ses responsabilités et de ses exigences est une étape cruciale pour bien préparer un entretien d'embauche. Cela démontre votre intérêt pour l'entreprise et le poste, vous permet de préparer des réponses pertinentes, d'évaluer votre adéquation avec le rôle, et de poser des questions pertinentes. Utilisez une variété de sources d'information pour obtenir une vue d'ensemble complète du poste et de l'entreprise, et mettez en avant cette compréhension lors de l'entretien pour augmenter vos chances de réussite.

CHAPITRE 2

METTRE EN AVANT SES COMPÉTENCES

Identifier ses compétences et réalisations pertinentes

L'identification de vos compétences et réalisations pertinentes est une étape cruciale pour bien préparer un entretien d'embauche. Cela vous permet de montrer aux recruteurs que vous êtes le candidat idéal pour le poste en mettant en avant vos atouts professionnels. Dans cet article, nous explorerons en détail l'importance de cette étape, comment identifier vos compétences et réalisations, et comment les présenter de manière convaincante lors de l'entretien.

L'importance De L'identification De Vos Compétences Et Réalisations :

L'identification de vos compétences et réalisations est essentielle pour plusieurs raisons :

Démontrer votre valeur : En mettant en avant vos compétences et réalisations pertinentes, vous montrez aux recruteurs ce que vous pouvez apporter à l'entreprise et en quoi vous êtes un candidat précieux.

Répondre aux attentes : Les recruteurs cherchent des candidats qui correspondent aux exigences du poste. En identifiant vos compétences et réalisations pertinentes, vous répondez à ces attentes.

Différenciation : Vos compétences et réalisations sont ce qui vous distingue des autres candidats. C'est votre occasion de montrer en quoi vous êtes unique.

Preuve concrète : Vos réalisations passées servent de preuve concrète de votre capacité à accomplir des tâches et à obtenir des résultats positifs.

Comment Identifier Vos Compétences Et Réalisations Pertinentes :

Analysez l'offre d'emploi : Commencez par relire attentivement l'offre d'emploi. Identifiez les compétences et les qualifications spécifiques recherchées pour le poste. Ces éléments vous donnent une idée claire de ce que les recruteurs attendent.

Réfléchissez à vos expériences passées : Passez en revue votre expérience professionnelle, vos stages, vos projets personnels, etc. Identifiez les moments où vous avez utilisé des compétences spécifiques pour accomplir des tâches ou obtenir des résultats.

Identifiez vos forces : Quelles sont les compétences que vous maîtrisez le mieux ? Sont-elles en adéquation avec les exigences du poste ? Identifiez vos forces et compétences clés.

Pensez à des réalisations concrètes : Identifiez des réalisations spécifiques que vous avez accomplies dans votre carrière. Il peut s'agir de projets réussis, de chiffres de vente exceptionnels, d'objectifs atteints, ou de tout autre accomplissement professionnel pertinent.

Demandez des retours d'informations : Vous pouvez demander à d'anciens collègues, superviseurs ou mentors ce qu'ils considèrent comme vos compétences et réalisations les plus fortes. Leurs perspectives peuvent être précieuses.

Utilisez des mots-clés : Lorsque vous identifiez vos compétences et réalisations, utilisez des mots-clés pertinents que les recruteurs sont susceptibles de rechercher. Cela facilite la correspondance entre votre profil et les exigences du poste.

Comment Présenter Vos Compétences Et Réalisations De Manière Convaincante :

Une fois que vous avez identifié vos compétences et réalisations pertinentes, voici comment les présenter de manière convaincante lors de l'entretien :

Utilisez la méthode STAR : Pour décrire vos réalisations, utilisez la méthode STAR (Situation, Tâche, Action, Résultat). Commencez par expliquer la situation ou le défi, détaillez la tâche que vous avez accomplie, décrivez les actions que vous avez prises, et concluez en mettant en évidence les résultats positifs que vous avez obtenus.

Soyez spécifique : Évitez les généralités. Donnez des détails concrets sur vos réalisations. Par exemple, au lieu de dire "J'ai augmenté les ventes", dites "J'ai augmenté les ventes de 20 % en six mois."

Adaptez-vous au poste : Lorsque vous parlez de vos compétences et réalisations, assurez-vous de les lier aux exigences du poste. Montrez comment ces compétences sont pertinentes pour la fonction que vous visez.

Soyez prêt à illustrer : Soyez prêt à illustrer vos compétences et réalisations avec des exemples spécifiques. L'intervieweur peut vous poser des questions pour obtenir des détails supplémentaires.

Parlez de vos contributions à l'équipe : Si possible, mettez en avant comment vos compétences et réalisations ont bénéficié à l'équipe ou à l'entreprise dans son ensemble. Cela montre votre capacité à travailler en collaboration.

Exemple D'identification De Compétences Et Réalisations Pertinentes :

Supposons que vous ayez un entretien pour un poste de gestionnaire de projet chez une entreprise de développement de logiciels. Voici comment vous pourriez identifier et présenter vos compétences et réalisations pertinentes :

Compétence : Gestion de projet

Identification : Vous avez géré avec succès plusieurs projets de développement de logiciels au cours de votre carrière.

Présentation : Lors d'un projet précédent, j'ai dirigé une équipe de développement pour livrer un produit dans les délais et le budget, ce qui a entraîné une augmentation de la satisfaction du client.

Compétence : Communication

Identification : Vous avez travaillé en étroite collaboration avec des équipes interfonctionnelles dans des projets précédents.

Présentation : J'ai une expérience significative de la communication avec des équipes techniques et non techniques, ce qui a permis de garantir une compréhension mutuelle des besoins du projet.

Réalisations :

Identification : Vous avez augmenté le chiffre d'affaires de votre précédent employeur de 25 % en mettant en œuvre une nouvelle stratégie marketing.

Présentation : Lors de mon dernier poste, j'ai conçu et exécuté une stratégie marketing qui a entraîné une augmentation significative du chiffre d'affaires, dépassant les objectifs de l'entreprise de 25 %.

Conclusion :

L'identification de vos compétences et réalisations pertinentes est une étape essentielle de la préparation d'un entretien d'embauche. Cela vous permet de démontrer votre valeur en mettant en avant vos atouts professionnels, de répondre aux attentes des recruteurs, de vous différencier des autres candidats et de fournir des preuves concrètes de vos capacités. Utilisez la méthode STAR pour présenter vos réalisations de manière structurée, soyez spécifique, adaptez-vous au poste, soyez prêt à illustrer vos compétences, et parlez de vos contributions à l'équipe pour maximiser votre impact lors de l'entretien.

Réflechir à des exemples concrets à partager

Réfléchir à des exemples concrets à partager est une étape clé de la préparation pour un entretien d'embauche. Ces exemples concrets vous permettent d'illustrer vos compétences, votre expérience et votre adaptabilité. Dans cet article, nous explorerons l'importance de la préparation d'exemples, comment choisir les exemples appropriés et comment les présenter de manière efficace lors de l'entretien.

L'importance De Préparer Des Exemples Concrets :

La préparation d'exemples concrets est cruciale pour plusieurs raisons :

Illustrer vos compétences : Les exemples concrets permettent d'illustrer de manière précise vos compétences et votre expérience. Cela rend votre candidature plus crédible.

Répondre aux questions avec confiance : Lorsque vous avez des exemples prêts à l'emploi, vous répondez aux questions de manière plus confiante, montrant ainsi que vous êtes bien préparé.

Faciliter la mémorisation : Des exemples spécifiques sont plus faciles à mémoriser que des réponses générales. Vous serez ainsi mieux préparé à l'entretien.

Adaptabilité : En préparant une variété d'exemples, vous pouvez vous adapter aux différentes questions qui vous seront posées lors de l'entretien.

Comment Choisir Les Exemples Appropriés :

Lorsque vous choisissez des exemples concrets à partager lors de l'entretien, tenez compte des éléments suivants :

Pertinence par rapport au poste : Choisissez des exemples qui sont pertinents par rapport au poste que vous visez. Mettez en avant des compétences et des expériences qui correspondent aux exigences du poste.

Diversité des compétences : Sélectionnez des exemples qui couvrent une variété de compétences. Cela montre que vous êtes polyvalent et capable de contribuer de manière significative.

Réalisations spécifiques : Optez pour des exemples qui mettent en avant des réalisations spécifiques. Les chiffres, les pourcentages et les données tangibles renforcent votre crédibilité.

Variété de contextes : Choisissez des exemples qui couvrent différents contextes, tels que le travail en équipe, la gestion de projets, la résolution de problèmes, etc.

Expériences récentes : Si possible, privilégiez des exemples issus de vos expériences récentes. Ils démontrent que vous êtes à jour dans votre domaine.

Comment Présenter Les Exemples De Manière Efficace :

Lorsque vous partagez des exemples concrets lors de l'entretien, suivez ces conseils pour les présenter de manière efficace :

Structurez vos réponses : Utilisez la méthode STAR (Situation, Tâche, Action, Résultat) pour structurer vos réponses. Commencez par décrire la situation, expliquez la tâche que vous aviez à accomplir, détaillez les actions que vous avez prises, et terminez en mettant en évidence les résultats positifs.

Soyez spécifique : Fournissez des détails concrets pour chaque exemple. Évitez les généralités et les réponses vagues.

Reliez les exemples au poste : Assurez-vous de relier les exemples que vous partagez aux exigences du poste. Montrez comment ces expériences vous préparent à réussir dans le rôle.

Adaptez vos exemples : Soyez prêt à adapter vos exemples en fonction des questions de l'intervieweur. Si vous avez préparé une variété d'exemples, vous serez plus flexible.

Soyez concis : Soyez concis dans vos réponses. Évitez les réponses excessivement longues et gardez-vous de vous éloigner du sujet.

Exemple De Préparation D'exemples Concrets :

Supposons que vous ayez un entretien pour un poste de gestionnaire de projet dans une entreprise de développement de logiciels. Voici comment vous pourriez préparer des exemples concrets :

Exemple 1 : Gestion De Projet

Situation : Lors de mon précédent emploi, j'ai été responsable de la gestion d'un projet de développement de logiciels destiné à un client important.

Tâche : Ma tâche consistait à coordonner une équipe de développeurs, à définir les délais et à gérer le budget du projet.

Action : J'ai utilisé un logiciel de gestion de projet pour suivre la progression, j'ai organisé des réunions régulières avec l'équipe et le client, et j'ai résolu les problèmes qui se sont présentés en cours de route.

Résultat : Le projet a été livré dans les délais et le budget, ce qui a entraîné une satisfaction client élevée et une augmentation des opportunités commerciales.

Exemple 2 : Résolution De Problèmes

Situation : Lors de mon précédent emploi, notre équipe a rencontré un problème de performance majeur dans un logiciel que nous développons.

Tâche : Ma tâche était de diagnostiquer le problème, de coordonner les efforts de l'équipe de développement pour le résoudre et de minimiser l'impact sur les clients.

Action : J'ai analysé les journaux d'erreurs, identifié la cause racine du problème, organisé des réunions d'urgence avec l'équipe, et mis en place un plan d'action pour corriger la situation.

Résultat : Nous avons résolu le problème en un temps record, ce qui a minimisé l'impact sur les clients et renforcé la réputation de l'entreprise en matière de réactivité.

Exemple 3 : Collaboration Interfonctionnelle

Situation : Dans mon précédent poste, nous avons dû collaborer avec une équipe de développement offshore pour achever un projet complexe.

Tâche : Ma tâche était de coordonner la communication et la collaboration entre notre équipe locale et l'équipe offshore.

Action : J'ai organisé des réunions régulières, établi un protocole de communication clair, et utilisé des outils de gestion de projet pour suivre la progression.

Résultat : Le projet a été achevé avec succès, dans les délais et le budget, malgré la distance géographique. Cette expérience a renforcé ma capacité à travailler avec des équipes diverses.

Conclusion :

La préparation d'exemples concrets à partager lors de l'entretien est essentielle pour illustrer vos compétences, votre expérience et votre adaptabilité. Choisissez des exemples pertinents et diversifiés, structurez vos réponses en utilisant la méthode STAR, soyez spécifique, reliez vos exemples aux exigences du poste, et soyez prêt à adapter vos réponses en fonction des questions de l'intervieweur. Cette préparation vous aidera à répondre aux questions de manière confiante et à montrer votre valeur aux recruteurs.

CHAPITRE 3

PRÉPARER DES RÉPONSES AUX QUESTIONS COURANTES

Anticiper des questions fréquemment posées

L'anticipation des questions fréquemment posées est une étape cruciale pour bien préparer un entretien d'embauche. En identifiant et en préparant des réponses aux questions courantes, vous renforcez votre confiance, démontrez votre préparation et augmentez vos chances de réussite. Dans cet article, nous explorerons l'importance de cette étape, les questions couramment posées lors des entretiens d'embauche, et comment préparer des réponses convaincantes.

L'importance De L'anticipation Des Questions Fréquemment Posées :

L'anticipation des questions fréquemment posées est essentielle pour plusieurs raisons :

Préparation et confiance : En anticipant les questions courantes, vous vous préparez à l'entretien et gagnez en confiance, car vous savez que vous êtes prêt à répondre.

Démonstration de préparation : Les recruteurs apprécient les candidats qui ont pris le temps de se préparer. En répondant de manière efficace aux questions courantes, vous démontrez que vous êtes sérieux au sujet du poste.

Réponses structurées : En préparant des réponses à l'avance, vous évitez de donner des réponses hésitantes ou désorganisées lors de l'entretien.

Opportunité de se démarquer : Préparer des réponses solides aux questions courantes vous permet de vous démarquer des autres candidats.

Les Questions Couramment Posées Lors Des Entretiens D'embauche :

Les questions posées lors des entretiens varient en fonction du poste, de l'entreprise et de l'industrie. Cependant, voici quelques questions couramment posées auxquelles il est judicieux de se préparer :

Parlez-moi de vous ? Cette question est souvent posée en début d'entretien. Préparez une brève introduction professionnelle qui met en avant vos compétences et votre expérience pertinente.

Pourquoi avez-vous postulé à ce poste ? Les recruteurs veulent comprendre ce qui vous attire dans l'entreprise et le poste. Soyez prêt à expliquer pourquoi vous êtes intéressé.

Quelles sont vos principales forces et faiblesses ? Présentez vos compétences clés et décrivez comment vous travaillez sur vos faiblesses.

Parlez-moi d'une situation où vous avez dû résoudre un conflit au travail ? Préparez un exemple concret de résolution de conflit en mettant en avant vos compétences en communication et en résolution de problèmes.

Où vous voyez-vous dans cinq ans ? Réfléchissez à vos objectifs à long terme et comment ils correspondent à l'entreprise.

Pouvez-vous me donner un exemple de réalisation professionnelle dont vous êtes particulièrement fier ? Choisissez une réalisation pertinente qui met en avant vos compétences et vos accomplissements.

Parlez-moi d'une situation où vous avez dû faire preuve de leadership ? Préparez un exemple de leadership qui met en avant votre capacité à diriger une équipe ou à prendre des décisions importantes.

Avez-vous déjà fait face à un échec professionnel ? Comment l'avez-vous géré ? Soyez prêt à discuter d'un échec professionnel et de la manière dont vous en avez tiré des leçons.

Pourquoi devrions-nous vous embaucher ? Préparez une réponse convaincante en mettant en avant vos compétences, votre expérience et la valeur que vous apportez à l'entreprise.

Avez-vous des questions pour nous ? À la fin de l'entretien, il est courant de poser des questions à l'intervieweur. Préparez des questions pertinentes sur l'entreprise, le poste et la culture d'entreprise.

Comment Préparer Des Réponses Convaincantes :

Voici comment préparer des réponses convaincantes aux questions couramment posées :

Recherchez l'entreprise et le poste : Assurez-vous de comprendre l'entreprise, sa culture, ses produits ou services, et les exigences du poste. Utilisez ces informations pour personnaliser vos réponses.

Utilisez la méthode STAR : Pour les questions comportant des exemples concrets, utilisez la méthode STAR (Situation, Tâche, Action, Résultat) vu dans le chapitre précédent pour structurer vos réponses.

Soyez spécifique : Fournissez des détails concrets dans vos réponses pour illustrer vos compétences et réalisations.

Reliez vos réponses au poste : Montrez comment vos réponses sont en adéquation avec les exigences du poste. Expliquez en quoi vos compétences sont pertinentes.

Entraînez-vous : Pratiquez vos réponses à voix haute, idéalement avec un ami ou un membre de votre famille, pour améliorer votre élocution et votre assurance.

Mémorisez vos réponses : N'hésitez pas à mémoriser vos réponses, mais gardez-les flexibles pour les adapter en fonction des questions spécifiques.

Exemple De Préparation À Une Question Courante :

Supposons que vous ayez un entretien pour un poste de gestionnaire de projet dans une entreprise de technologie. Voici comment vous pourriez préparer votre réponse à la question : "Parlez-moi d'une situation où vous avez dû résoudre un conflit au travail."

Situation : Lors d'un projet précédent, il y avait un désaccord important au sein de l'équipe sur la manière de gérer un problème technique critique.

Tâche : Ma tâche était de résoudre ce conflit et de prendre une décision qui permettrait de maintenir le projet sur la bonne voie.

Action : J'ai organisé une réunion d'équipe pour discuter ouvertement des opinions de chacun et pour encourager un dialogue constructif. J'ai écouté attentivement les arguments des membres de l'équipe, et j'ai cherché des solutions de compromis. En fin de compte, nous avons opté pour une approche hybride qui a permis de résoudre le conflit.

Résultat : En résolvant ce conflit de manière efficace, nous avons maintenu le projet sur les rails, respecté les délais et atteint les objectifs. De plus, l'équipe s'est sentie écoutée et valorisée, ce qui a renforcé la collaboration.

Conclusion :

L'anticipation des questions fréquemment posées est une étape essentielle pour bien préparer un entretien d'embauche. En préparant des réponses convaincantes aux questions courantes, en structurant vos réponses, en étant spécifique, et en reliant vos réponses au poste, vous augmentez vos chances de réussite lors de l'entretien. N'oubliez pas de vous entraîner et de mémoriser vos réponses pour gagner en confiance et en assurance.

Préparer des réponses claires et concise.

La préparation de réponses claires et concises est une étape essentielle pour bien se préparer à un entretien d'embauche. Les réponses bien articulées et succinctes démontrent votre professionnalisme, votre maîtrise du sujet, et permettent de maintenir l'attention de l'intervieweur. Dans cet article, nous explorerons l'importance de la préparation de réponses claires et concises, comment structurer vos réponses, et des conseils pour vous entraîner.

L'importance De Préparer Des Réponses Claires Et Concises :

La préparation de réponses claires et concises est cruciale pour plusieurs raisons :

Efficacité de la communication : Des réponses claires et concises sont plus faciles à comprendre et à mémoriser. Vous communiquez efficacement vos idées.

Gestion du temps : Lors d'un entretien, le temps est limité. Des réponses concises vous permettent de couvrir plus de sujets en moins de temps.

Professionnalisme : Les réponses bien articulées démontrent votre capacité à communiquer de manière professionnelle et organisée.

Maintien de l'attention : Des réponses courtes et pertinentes sont plus susceptibles de maintenir l'attention de l'intervieweur.

Comment Préparer Des Réponses Claires Et Concises :

Voici comment préparer des réponses claires et concises pour les questions courantes de l'entretien :

Comprenez la question : Avant de répondre, assurez-vous de bien comprendre la question de l'intervieweur. Si vous avez des doutes, demandez des éclaircissements.

Structurez vos réponses : Utilisez une structure claire pour vos réponses. La méthode STAR pour les questions comportant des exemples concrets. Cette méthode est à utiliser à plusieurs reprises lors d'un entretien d'embauche

Éliminez les informations inutiles : Évitez de vous épancher sur des détails non pertinents. Restez concentré sur la question.

Soyez spécifique : Fournissez des exemples concrets pour illustrer vos points. Les exemples apportent de la crédibilité à vos réponses.

Reliez vos réponses au poste : Montrez comment vos réponses sont en adéquation avec les exigences du poste. Expliquez en quoi vos compétences sont pertinentes.

Pratiquez la concision : Entraînez-vous à réduire la longueur de vos réponses tout en conservant leur substance.

Exemple De Préparation De Réponses Claires Et Concises :

Supposons que vous ayez un entretien pour un poste de gestionnaire de projet dans une entreprise de technologie. Voici comment vous pourriez préparer une réponse claire et concise à la question : "Parlez-moi de votre expérience en gestion de projet."

Structure de la réponse : Utilisez la méthode STAR pour structurer votre réponse.

Situation : Lors de mon poste précédent en tant que gestionnaire de projet chez ABC Tech, j'étais responsable de gérer un projet de développement de logiciels pour un client du secteur de la santé.

Tâche : Ma tâche consistait à coordonner une équipe de développeurs, à définir les délais et à gérer le budget du projet.

Action : J'ai utilisé un logiciel de gestion de projet pour suivre la progression, j'ai organisé des réunions régulières avec l'équipe et le client, et j'ai résolu les problèmes qui se sont présentés en cours de route.

Résultat : Le projet a été livré dans les délais et le budget, ce qui a entraîné une satisfaction client élevée et une augmentation des opportunités commerciales.

Réponse claire et concise : Réduisez la réponse en éliminant les détails inutiles.

"Lors de mon poste précédent chez ABC Tech, j'ai géré un projet de développement de logiciels pour un client de la santé. Ma tâche était de coordonner l'équipe, gérer le budget et respecter les délais. Grâce à une gestion efficace, le projet a été livré à temps, dans le budget, et a entraîné une satisfaction client élevée, ainsi qu'une augmentation des opportunités commerciales."

Conseils Pour Vous Entraîner :

Pour vous entraîner à fournir des réponses claires et concises, suivez ces conseils :

Utilisez des scénarios : Préparez des scénarios concrets pour illustrer vos réponses aux questions courantes.

Enregistrez-vous : Enregistrez-vous en train de répondre aux questions. Révisez ensuite les enregistrements pour identifier les zones d'amélioration.

Pratiquez avec un ami : Demandez à un ami ou à un membre de votre famille de jouer le rôle de l'intervieweur. Pratiquez vos réponses avec eux.

Limitez le temps : Donnez-vous un temps limité pour répondre à chaque question lors de vos séances d'entraînement. Cela vous aidera à vous concentrer sur l'essentiel.

Conclusion :

La préparation de réponses claires et concises est essentielle pour réussir un entretien d'embauche. En comprenant la question, en structurant vos réponses, en éliminant les détails inutiles, en étant spécifique, en reliant vos réponses au poste, et en pratiquant la concision, vous démontrez votre professionnalisme, votre efficacité et votre maîtrise du sujet. Entraînez-vous pour affiner vos compétences en matière de communication et augmenter vos chances de réussite lors de l'entretien.

CHAPITRE 4

PRATIQUER LES RÉPONSES

Répéter ses réponses à haute voix ou avec un ami

Répéter ses réponses à haute voix ou avec un ami est une étape cruciale dans la préparation d'un entretien d'embauche. Cette pratique vous aide à affiner vos réponses, à gagner en confiance, et à vous sentir mieux préparé pour l'entretien. Dans cet article, nous explorerons l'importance de cette étape, les avantages de la répétition des réponses à haute voix, comment s'entraîner seul et avec un ami, ainsi que quelques conseils pour maximiser votre préparation.

L'importance De Répéter Ses Réponses À Haute Voix Ou Avec Un Ami :

La répétition des réponses à haute voix ou avec un ami est essentielle pour plusieurs raisons :

Amélioration de la clarté : Lorsque vous répétez vos réponses à haute voix, vous pouvez repérer des points à améliorer pour les rendre plus claires et plus convaincantes.

Gestion du trac : L'entretien peut être stressant. La répétition vous aide à mieux gérer votre trac en vous permettant de vous familiariser avec vos réponses.

Renforcement de la mémoire : La répétition répétée aide à renforcer votre mémoire, ce qui rend plus facile de se rappeler des points clés lors de l'entretien.

Pratique de l'élocution : La répétition améliore votre élocution et votre articulation, ce qui est essentiel pour communiquer de manière efficace.

Retours d'informations : Lorsque vous répétez avec un ami, vous obtenez des retours d'informations et des conseils précieux pour améliorer vos réponses.

Avantages De La Répétition Des Réponses À Haute Voix :

La répétition des réponses à haute voix offre plusieurs avantages :

Clarification des idées : Vous pouvez mieux structurer vos idées en exprimant vos réponses à haute voix. Cela vous aide à être plus clair et cohérent.

Amélioration de la fluidité : En répétant vos réponses, vous devenez plus fluide dans votre communication, ce qui est essentiel lors de l'entretien.

Réduction de l'anxiété : La répétition répétée de vos réponses réduit l'anxiété et vous permet de répondre plus efficacement sous pression.

Renforcement de la confiance : Plus vous répétez, plus vous gagnez en confiance en vous-même et en vos réponses.

Adaptabilité : La répétition vous rend plus flexible pour adapter vos réponses aux questions spécifiques de l'intervieweur.

Comment S'entraîner Seul :

La répétition des réponses à haute voix peut être réalisée en solo de la manière suivante :

Préparez un script : Écrivez vos réponses à des questions courantes de l'entretien. Assurez-vous d'utiliser une structure claire, comme la méthode STAR pour les questions comportant des exemples.

Répétez à haute voix : Lisez vos réponses à haute voix pour vous-même. Cela vous aide à vous familiariser avec vos réponses et à les entendre.

Enregistrez-vous : Utilisez un enregistreur vocal pour enregistrer vos réponses. Réécoutez les enregistrements pour repérer des points à améliorer.

Visualisez-vous : Visualisez-vous en train de répondre aux questions de manière convaincante. L'imagerie mentale renforce la préparation.

Répétez plusieurs fois : Répétez vos réponses plusieurs fois jusqu'à ce que vous vous sentiez à l'aise et confiant.

Comment S'entraîner Avec Un Ami :

L'entraînement avec un ami peut être très bénéfique, car vous obtenez des retours d'informations et des conseils externes. Voici comment vous pouvez vous entraîner avec un ami :

Choisissez un partenaire de confiance : Trouvez un ami ou un proche en qui vous avez confiance pour vous aider dans l'entraînement.

Expliquez vos attentes : Communiquez vos attentes à votre ami, précisez quelles réponses vous souhaitez travailler, et demandez des commentaires constructifs.

Pratiquez les rôles : Faites jouer à votre ami le rôle de l'intervieweur et répondez aux questions comme si vous étiez à un véritable entretien.

Obtenez des retours d'informations : Après chaque réponse, demandez à votre ami ce qui était fort dans votre réponse et ce qui pourrait être amélioré.

Apportez des ajustements : Utilisez les retours d'informations pour apporter des ajustements à vos réponses et répétez-les.

Inverser les rôles : Changez les rôles et faites jouer à votre ami le candidat. Cela vous permettra de mieux comprendre les deux perspectives.

Conseils Pour Maximiser Votre Préparation :

Pour tirer le meilleur parti de votre répétition des réponses à haute voix, suivez ces conseils :

Mémorisez, mais soyez flexible : Mémorisez vos réponses, mais soyez prêt à les adapter en fonction des questions spécifiques de l'intervieweur.

Restez naturel : N'essayez pas de mémoriser chaque mot. Restez naturel et authentique dans votre communication.

Travaillez sur l'intonation : Travaillez sur votre intonation pour éviter de paraître monotone. L'intonation peut renforcer votre engagement dans vos réponses.

Faites des pauses : N'ayez pas peur de faire des pauses pour réfléchir à votre réponse. Les pauses bien placées sont meilleures que des réponses hâtives.

Entraînez-vous dans des conditions réalistes : Essayez de reproduire les conditions d'un entretien réel autant que possible. Pratiquez en vous habillant comme si vous étiez à un entretien.

Conclusion :

La répétition des réponses à haute voix, que ce soit en solo ou avec un ami, est une étape incontournable dans la préparation d'un entretien d'embauche. Cela vous aide à clarifier vos idées, à gérer l'anxiété, à renforcer votre confiance, et à vous préparer à répondre efficacement aux questions de l'intervieweur. La pratique régulière et le feedback de vos amis peuvent grandement améliorer votre performance lors de l'entretien, vous permettant ainsi de maximiser vos chances de réussite.

Travailler sur l'expression verbale et non verbale

Travailler sur l'expression verbale et non verbale est un aspect essentiel de la préparation pour un entretien d'embauche. Votre communication, qu'elle soit verbale (les mots que vous dites) ou non verbale (votre langage corporel, vos gestes, votre posture, votre expression faciale, etc.), joue un rôle clé dans la création d'une première impression positive et dans la transmission de votre professionnalisme et de votre confiance aux recruteurs. Dans cet article, nous examinerons l'importance de l'expression verbale et non verbale, comment l'améliorer, et des conseils pour une communication efficace lors de l'entretien.

L'importance De Travailler Sur L'expression Verbale Et Non Verbale :

Votre capacité à communiquer de manière efficace, à la fois verbalement et non verbalement, est cruciale lors d'un entretien d'embauche. Voici pourquoi :

Création d'une première impression : Les recruteurs forment une première impression de vous en quelques secondes. Votre langage corporel et votre ton de voix influencent cette impression.

Transmission de la confiance : Une communication confiante renforce votre crédibilité et votre professionnalisme. Les recruteurs sont plus susceptibles de faire confiance à un candidat confiant.

Clarté des idées : Une expression verbale claire vous permet de communiquer vos idées de manière efficace. Vous évitez les malentendus et les ambiguïtés.

Communication positive : Votre expression non verbale, y compris votre langage corporel et votre expression faciale, peut indiquer votre enthousiasme, votre engagement et votre intérêt pour le poste.

Adaptabilité : Travailler sur votre expression verbale et non verbale vous rend plus adaptable pour répondre aux besoins de l'entretien.

Comment Améliorer Votre Expression Verbale Et Non Verbale :

Pour améliorer votre expression verbale et non verbale lors d'un entretien d'embauche, suivez ces étapes :

Pratiquez la communication claire :

Utilisez des phrases courtes et précises pour exprimer vos idées.

Évitez le jargon technique, sauf si cela est pertinent pour le poste.

Pratiquez la prononciation et l'articulation pour améliorer la clarté de votre discours.

Travaillez sur le ton de voix :

Parlez d'une manière modulée et évitez de montrer du stress ou de la nervosité dans votre ton de voix.

Évitez de parler trop vite. Prenez le temps de respirer et de vous exprimer de manière calme et posée.

Entraînez-vous à répondre à voix haute :

Préparez des réponses aux questions courantes et répétez-les à haute voix pour vous familiariser avec votre discours.

Utilisez un enregistreur vocal pour vous écouter et identifier les domaines d'amélioration.

Travaillez sur votre expression faciale :

Pratiquez des expressions positives et engageantes, comme le sourire et le contact visuel.

Évitez de froncer les sourcils ou d'avoir une expression fermée, ce qui pourrait être interprété comme un manque d'intérêt.

Gérez votre langage corporel :

Gardez une posture droite et ouverte.

Évitez de croiser les bras, ce qui peut sembler défensif.

Utilisez des gestes appropriés pour illustrer vos propos, mais évitez les gestes excessifs ou inutiles.

Faites attention au contact visuel :

Maintenez un contact visuel avec l'intervieweur pour montrer de l'assurance. Évitez de regarder constamment ailleurs ou de regarder fixement sans ciller.

Pratiquez avec un ami ou un mentor :

Demandez à un ami ou à un mentor de vous observer et de vous donner des retours d'informations sur votre expression verbale et non verbale. Ils peuvent vous aider à identifier les domaines d'amélioration et à vous donner des conseils spécifiques.

Enregistrez des vidéos d'entraînement :

Enregistrez des vidéos de vos simulations d'entretien pour évaluer votre langage corporel, votre expression faciale et votre ton de voix.

Revoyez les vidéos pour repérer des comportements qui pourraient être améliorés.

Conseils Pour Une Communication Efficace Lors De L'entretien :

Lors de l'entretien lui-même, voici quelques conseils pour une communication efficace :

Respirez profondément : En cas de nervosité, respirez profondément pour vous calmer et éviter de parler trop vite.

Écoutez activement : Soyez un auditeur attentif et répondez aux questions de manière pertinente. Cela montre que vous êtes engagé dans la conversation.

Utilisez des exemples concrets : Illustrez vos compétences et réalisations à l'aide d'exemples concrets. Cela renforce votre crédibilité.

Restez positif : Évitez les commentaires négatifs sur les employeurs précédents ou les expériences. Restez positif et concentré sur vos qualifications.

Soyez authentique : Soyez vous-même. Évitez de trop scénariser vos réponses. L'authenticité est appréciée.

Conclusion :

Travailler sur l'expression verbale et non verbale est essentiel pour bien vous préparer à un entretien d'embauche. Une communication efficace, à la fois verbale et non verbale, est cruciale pour créer une première impression positive, transmettre votre confiance et vos compétences, et établir une connexion avec les recruteurs. En travaillant sur la clarté de votre discours, votre ton de voix, votre expression faciale, votre langage corporel et en vous entraînant à répondre de manière engageante, vous augmentez vos chances de réussite lors de l'entretien.

CHAPITRE 5

DRESS CODE ET APPARENCE

Choisir une tenue appropriée en fonction de la culture de l'entreprise

Le choix d'une tenue appropriée en fonction de la culture de l'entreprise est une composante cruciale de la préparation à un entretien d'embauche. L'apparence vestimentaire que vous adoptez peut influencer la première impression que vous laissez aux recruteurs, ainsi que votre adéquation à la culture de l'entreprise. Dans cet article, nous examinerons l'importance de choisir la bonne tenue, comment comprendre la culture de l'entreprise, des conseils pour adapter votre tenue en conséquence, et quelques exemples pour illustrer la tenue appropriée dans divers contextes professionnels.

L'importance De Choisir Une Tenue Appropriée :

Le choix de la tenue appropriée revêt une grande importance pour plusieurs raisons :

Création d'une première impression : Votre tenue est l'un des premiers éléments que les recruteurs remarquent. Une tenue adaptée crée une impression positive.

Respect de la culture de l'entreprise : Le respect des normes vestimentaires de l'entreprise montre que vous comprenez et respectez sa culture.

Confiance personnelle : Une tenue appropriée vous permet de vous sentir confiant et à l'aise pendant l'entretien, ce qui est essentiel pour donner le meilleur de vous-même.

Professionnalisme : Une tenue professionnelle indique que vous prenez l'entretien et le poste au sérieux.

Comprendre La Culture De L'entreprise :

Pour choisir la bonne tenue, il est essentiel de comprendre la culture de l'entreprise que vous ciblez. Voici comment y parvenir :

Consultez le site web de l'entreprise : Le site web de l'entreprise peut fournir des informations sur sa culture et ses valeurs. Certaines entreprises partagent des photos de leurs employés en action, ce qui peut donner des indices sur la tenue appropriée.

Utilisez les médias sociaux : Les comptes de l'entreprise sur les médias sociaux, comme LinkedIn, peuvent montrer des photos d'employés et d'événements d'entreprise. Cela peut vous donner des indications sur les vêtements que les employés portent au quotidien.

Lisez les avis d'employés : Les avis d'employés sur des sites tels que Glassdoor peuvent offrir des informations sur la culture de l'entreprise, y compris les normes vestimentaires.

Consultez vos contacts : Si vous connaissez des personnes travaillant dans l'entreprise, n'hésitez pas à leur demander des informations sur la culture de l'entreprise et la tenue appropriée.

Conseils Pour Adapter Votre Tenue En Fonction De La Culture De L'entreprise :

Une fois que vous avez compris la culture de l'entreprise, voici quelques conseils pour adapter votre tenue en conséquence :

Formel vs décontracté : Distinguez si l'entreprise a une culture formelle ou décontractée en fonction des informations que vous avez rassemblées. Les entreprises formelles requièrent généralement des tenues plus traditionnelles, tandis que les entreprises décontractées permettent plus de flexibilité.

Soyez légèrement plus habillé : En cas de doute, il est généralement préférable d'être légèrement plus habillé que de sous-estimer le niveau de formalité. Par exemple, si l'entreprise a une culture décontractée, optez pour une tenue professionnelle plutôt que décontractée.

Évitez les extrêmes : Évitez les tenues trop flashy, trop décontractées ou trop formelles, sauf si vous savez que l'entreprise les encourage.

Couleurs classiques : Optez pour des couleurs classiques et neutres. Les couleurs vives ou criardes peuvent parfois être perçues comme non professionnelles.

Misez sur les détails : Portez attention aux détails, comme des chaussures bien entretenues, des vêtements repassés et des accessoires discrets.

Confort avant tout : Assurez-vous que vous vous sentez à l'aise dans votre tenue. Le confort est essentiel pour avoir confiance en vous lors de l'entretien.

Exemples De Tenue Appropriée Dans Différents Contextes Professionnels :

Le choix de la tenue appropriée dépend fortement de la culture de l'entreprise et du secteur d'activité. Voici quelques exemples pour illustrer la variabilité des normes vestimentaires :

Entreprise de finance/formelle : Dans une entreprise de finance ou un environnement formel, une tenue appropriée pour un homme pourrait être un costume sombre avec une chemise et une cravate, accompagné de chaussures élégantes. Pour une femme, une robe professionnelle ou un tailleur-pantalon avec des chaussures fermées serait approprié.

Entreprise technologique/décontractée : Dans une entreprise technologique à culture décontractée, les normes vestimentaires peuvent être plus souples. Les hommes peuvent opter pour une chemise et un pantalon propres sans cravate, tandis que les femmes peuvent porter un pantalon ou une jupe professionnels avec un chemisier. Les jeans et les baskets peuvent parfois être acceptables, mais il est préférable de les éviter lors d'un entretien.

Industrie créative/décontractée : Dans une industrie créative comme la publicité ou le design, la culture décontractée prévaut généralement. Les hommes peuvent choisir un pantalon et une chemise, tandis que les femmes peuvent opter pour une tenue artistique et décontractée. Les couleurs et les motifs peuvent être plus expressifs.

Start-up/décontractée : Dans une start-up ou une entreprise en démarrage, la culture est souvent très décontractée. Les jeans, les t-shirts et les baskets sont fréquents. Cependant, pour un entretien, il est préférable de s'habiller un peu plus formellement sans aller jusqu'au costume.

Conclusion :

Le choix d'une tenue appropriée en fonction de la culture de l'entreprise est un aspect essentiel de la préparation à un entretien d'embauche. Comprendre la culture de l'entreprise, adapter votre tenue en conséquence et suivre les conseils appropriés vous permettront de créer une première impression positive et de montrer que vous êtes sérieux au sujet du poste. L'apparence vestimentaire contribue à votre confiance personnelle et à votre professionnalisme, des éléments clés pour réussir lors de l'entretien.

Soigner son apparence et son hygiène

Soigner son apparence et son hygiène est une partie essentielle de la préparation à un entretien d'embauche. Votre apparence physique et votre hygiène personnelle jouent un rôle crucial dans la création d'une première impression positive et professionnelle. Dans cet article, nous explorerons l'importance de soigner son apparence et son hygiène, les éléments clés de cette préparation, ainsi que des conseils pratiques pour paraître au mieux de votre forme lors de l'entretien.

L'importance De Soigner Son Apparence Et Son Hygiène :

La première impression que vous laissez lors d'un entretien d'embauche est généralement basée sur votre apparence. Voici pourquoi il est essentiel de soigner son apparence et son hygiène :

Création d'une première impression : Votre apparence est la première chose que les recruteurs voient. Une apparence soignée crée une première impression positive.

Professionnalisme : Une apparence professionnelle indique que vous prenez l'entretien et le poste au sérieux.

Confiance personnelle : Lorsque vous vous sentez bien dans votre peau et que vous êtes propre et bien habillé, vous gagnez en confiance.

Respect envers l'entreprise : Soigner son apparence montre que vous respectez l'entreprise et les recruteurs.

Les Éléments Clés De La Préparation De L'apparence Et De L'hygiène :

Pour bien vous préparer, voici les éléments clés à prendre en compte pour soigner votre apparence et votre hygiène :

Tenue vestimentaire :

Choisissez une tenue appropriée en fonction de la culture de l'entreprise.

Optez pour des vêtements propres, repassés et bien ajustés.

Assurez-vous que votre tenue est en bon état, sans taches ni déchirures.

Évitez les couleurs ou les motifs trop criards.

Optez pour des couleurs classiques et neutres.

Pour les chaussures, choisissez une paire propre et bien entretenue.

Coiffure :

Ayez une coiffure soignée. Évitez les styles extravagants, les coupes déstructurées ou les couleurs de cheveux non conventionnelles.

Assurez-vous que vos cheveux sont propres et bien coiffés.

Hygiène corporelle :

Prenez une douche le jour de l'entretien pour être frais et propre.

Utilisez un déodorant pour éviter les odeurs corporelles.

Assurez-vous que vos ongles sont propres et bien entretenus.

Évitez les vernis à ongles voyants si vous en portez.

Maquillage et parfum :

Si vous portez du maquillage, optez pour un look naturel et léger. Évitez les couleurs vives ou les looks extravagants.

Utilisez un parfum léger ou évitez d'en porter, car certaines personnes sont sensibles aux odeurs.

Barbe et rasage :

Si vous avez une barbe, assurez-vous qu'elle est propre et bien entretenue.

Évitez les barbes broussailleuses ou non soignées. Si vous vous rasez, faites-le le jour de l'entretien pour un look impeccable.

Accessoires :

Limitez les accessoires et les bijoux. Optez pour des pièces discrètes et professionnelles.

Évitez les piercings ou les tatouages visibles, sauf si vous savez que l'entreprise a une politique d'entreprise favorable à cet égard.

Sourire et contact visuel :

Un sourire amical est un atout majeur lors de l'entretien. Il montre votre positivité et votre ouverture.

Maintenez un bon contact visuel avec les recruteurs pour montrer votre engagement et votre confiance.

Conseils Pratiques Pour Paraître Au Mieux De Votre Forme :

Voici quelques conseils pratiques pour soigner son apparence et son hygiène avant un entretien :

Préparez votre tenue à l'avance : Choisissez votre tenue la veille de l'entretien pour éviter tout stress de dernière minute.

Prenez une douche et lavez vos cheveux : Assurez-vous d'être propre et frais.

Évitez les parfums et les odeurs fortes : Certaines personnes sont sensibles aux parfums. Si vous en portez, assurez-vous qu'il est discret.

Évitez de fumer avant l'entretien : L'odeur de la fumée peut être désagréable pour les autres.

Apportez des produits de secours : Emportez des mouchoirs en papier, du déodorant supplémentaire et un peigne pour les retouches de dernière minute si nécessaire.

Mangez légèrement : Avant l'entretien, évitez les repas lourds qui pourraient causer des problèmes d'estomac.

Restez hydraté : Buvez de l'eau pour rester hydraté, mais évitez de boire trop de café ou de boissons énergisantes, car cela peut causer de la nervosité.

Respectez l'heure : Arrivez à l'entretien à l'heure prévue pour avoir le temps de faire des retouches si nécessaire.

Conclusion :

Soigner son apparence et son hygiène est un élément essentiel de la préparation à un entretien d'embauche. Une apparence propre et soignée contribue à créer une première impression positive et professionnelle. En respectant les normes de la culture de l'entreprise, en choisissant des vêtements appropriés et en prenant soin de votre hygiène personnelle, vous augmentez vos chances de réussite lors de l'entretien. Une apparence soignée renforce également votre confiance personnelle, ce qui est essentiel pour communiquer de manière efficace avec les recruteurs.

CHAPITRE 6

QUESTIONS À POSER À L'EMPLOYEUR

Préparer des questions pertinentes à poser à l'intervieweur

La préparation d'une liste de questions pertinentes à poser à l'intervieweur est une étape cruciale dans la préparation d'un entretien d'embauche. Non seulement cela montre votre intérêt pour le poste et l'entreprise, mais cela vous aide également à mieux comprendre si cette opportunité correspond à vos objectifs professionnels. Dans cet article, nous examinerons l'importance de poser des questions en entretien, comment formuler des questions pertinentes, des exemples de questions à poser, et quelques conseils pour tirer le meilleur parti de cette étape de préparation.

L'importance De Poser Des Questions En Entretien :

Poser des questions à l'intervieweur est crucial pour plusieurs raisons :

Développement d'une compréhension approfondie : Les questions vous aident à mieux comprendre le poste, l'entreprise et la culture de l'entreprise, ce qui est essentiel pour prendre une décision éclairée.

Développement d'une relation : Poser des questions montre que vous êtes intéressé par l'entreprise et que vous cherchez à établir une relation professionnelle solide.

Mise en évidence de vos compétences : Des questions pertinentes peuvent également mettre en valeur vos compétences, votre expérience et votre préparation.

Démonstration de votre préparation : Les questions pertinentes montrent que vous avez fait vos devoirs et que vous prenez l'entretien au sérieux.

Comment Formuler Des Questions Pertinentes :

Pour poser des questions pertinentes, suivez ces lignes directrices :

Soyez spécifique : Formulez des questions qui sont spécifiques au poste, à l'entreprise et à l'industrie. Évitez les questions générales.

Pensez aux priorités : Posez des questions qui reflètent vos préoccupations et vos priorités, telles que les responsabilités du poste, la culture de l'entreprise, les opportunités de développement, etc.

Montrez votre intérêt : Utilisez des questions pour montrer votre intérêt pour l'entreprise et le poste. Montrez que vous avez fait des recherches préalables.

Préparez des questions ouvertes : Les questions qui ne peuvent pas être répondues par un simple "oui" ou "non" encouragent une discussion plus approfondie.

Évitez de poser des questions sur le salaire ou les avantages trop tôt : Il est généralement préférable de discuter de la rémunération et des avantages une fois que vous avez une offre en main.

Exemples De Questions Pertinentes À Poser En Entretien :

Voici quelques exemples de questions pertinentes que vous pouvez poser à l'intervieweur :

. Pouvez-vous me parler davantage des responsabilités quotidiennes de ce poste ?

. Quels sont les objectifs à court terme et à long terme pour la personne qui occupera ce poste ?

. Comment l'équipe est-elle structurée, et à qui ce poste rendra-t-il compte ?

. Pouvez-vous me décrire la culture d'entreprise et les valeurs de l'entreprise ?

. Quelles sont les principales priorités ou les projets actuels de l'entreprise ?

. Comment l'entreprise encourage-t-elle le développement professionnel de ses employés ?

. Quels sont les défis auxquels l'entreprise est confrontée actuellement dans ce secteur ?

. Comment le succès dans ce poste est-il mesuré et évalué ?

. Pouvez-vous me parler de l'équipe avec laquelle je vais travailler et de leur rôle au sein de l'entreprise ?

. Quelles sont les prochaines étapes du processus de recrutement ?

Conseils Pour Tirer Le Meilleur Parti De Cette Étape De Préparation :

Écoutez attentivement : Écoutez les réponses de l'intervieweur à vos questions. Cela peut vous aider à poser des questions de suivi pertinentes.

N'ayez pas peur de noter : Apportez un carnet et un stylo pour noter les informations importantes que vous obtenez pendant l'entretien.

Évitez de poser des questions sur des sujets sensibles : Évitez les questions sur des sujets sensibles comme la politique, la religion, ou des informations personnelles de l'intervieweur.

Préparez plus de questions que nécessaires : Il est préférable d'avoir un certain nombre de questions supplémentaires au cas où certaines de vos questions seraient déjà couvertes pendant l'entretien.

Adaptez vos questions à l'intervieweur : En fonction de la personne avec laquelle vous parlez (par exemple, le responsable du recrutement ou un futur collègue), adaptez vos questions pour qu'elles soient pertinentes pour cette personne.

Conclusion :

Poser des questions pertinentes à l'intervieweur est une étape cruciale dans la préparation d'un entretien d'embauche. Cela démontre votre intérêt pour le poste et l'entreprise, vous permet de mieux comprendre l'opportunité et montre que vous êtes prêt à établir une relation professionnelle solide. En formulant des questions spécifiques, en montrant votre intérêt et en évitant de poser des questions sur des sujets sensibles, vous pouvez maximiser l'impact de cette étape de préparation et augmenter vos chances de succès lors de l'entretien.

Montrer un réel intérêt pour l'entreprise et le poste

Montrer un réel intérêt pour l'entreprise et le poste est essentiel lors de la préparation d'un entretien d'embauche. Cela peut faire la différence entre un candidat mémorable et un candidat ordinaire. Lorsque vous démontrez un engagement sincère envers l'entreprise et le poste, vous créez une impression positive, renforcez votre crédibilité et augmentez vos chances de décrocher le job. Dans cet article, nous explorerons pourquoi il est si important de montrer un réel intérêt, comment le faire efficacement, et comment cela peut influencer positivement le résultat de l'entretien.

L'importance De Montrer Un Réel Intérêt :

Montrer un réel intérêt pour l'entreprise et le poste est crucial pour plusieurs raisons :

Création d'une impression mémorable : Les recruteurs sont plus susceptibles de se souvenir des candidats qui démontrent un véritable intérêt pour l'entreprise. Cela vous permet de vous démarquer parmi les autres candidats.

Établissement de la crédibilité : En posant des questions pertinentes et en partageant vos connaissances sur l'entreprise, vous établissez votre crédibilité en tant que candidat sérieux et bien préparé.

Adéquation culturelle : Montrer un réel intérêt permet aux recruteurs d'évaluer si vous êtes en adéquation avec la culture de l'entreprise, ce qui est un élément clé pour réussir dans le poste.

Démonstration de motivation : L'enthousiasme que vous exprimez pour le poste et l'entreprise montre que vous êtes motivé à contribuer à leur succès.

Comment Montrer Un Réel Intérêt De Manière Efficace :

Pour montrer un réel intérêt de manière efficace, voici quelques étapes à suivre :

Faites des recherches approfondies : Avant l'entretien, effectuez des recherches approfondies sur l'entreprise, son secteur d'activité, ses produits ou services, sa culture, sa mission et ses valeurs. Plus vous en savez, plus vous pourrez montrer votre intérêt.

Posez des questions pertinentes : Préparez une liste de questions pertinentes à poser aux recruteurs pendant l'entretien. Ces questions devraient montrer que vous avez fait vos devoirs et que vous cherchez à en savoir plus sur l'entreprise et le poste.

Personnalisez vos réponses : Lorsque vous répondez aux questions des recruteurs, personnalisez vos réponses en mentionnant des détails spécifiques sur l'entreprise et en montrant comment votre expérience et vos compétences correspondent à leurs besoins.

Partagez des anecdotes : Utilisez des exemples concrets de votre expérience passée pour montrer comment vous avez déjà été confronté à des situations similaires à celles que vous pourriez rencontrer dans le nouveau poste.

Exprimez votre enthousiasme : Montrez votre enthousiasme pour le poste et l'entreprise à travers votre langage corporel, votre expression faciale et la tonalité de votre voix. Soyez authentique dans votre enthousiasme.

Reliez votre passion à l'entreprise : Expliquez pourquoi vous êtes passionné par le poste en relation avec les valeurs, la mission ou les réalisations de l'entreprise.

Parlez de votre recherche d'opportunités à long terme : Indiquez que vous cherchez une opportunité à long terme et comment vous voyez votre rôle dans le développement de l'entreprise.

Comment Cela Peut Influencer Positivement Le Résultat De L'entretien :

Montrer un réel intérêt pour l'entreprise et le poste peut influencer positivement le résultat de l'entretien de plusieurs manières :

Création d'une connexion : Les recruteurs sont plus enclins à embaucher des candidats avec lesquels ils se sentent connectés. En montrant un réel intérêt, vous établissez une connexion avec les recruteurs.

Confirmation de l'adéquation culturelle : L'entreprise cherchera à s'assurer que vous êtes en adéquation avec sa culture. En montrant que vous partagez les valeurs et la vision de l'entreprise, vous renforcez votre adéquation culturelle.

Impression positive : Les recruteurs sont plus susceptibles d'avoir une impression positive d'un candidat qui se montre enthousiaste et bien préparé. Cette impression positive peut peser dans la balance lors de la décision finale.

Mieux comprendre le poste : Poser des questions pertinentes vous permet de mieux comprendre le poste et les attentes, ce qui vous permet de mieux vous préparer pour le rôle.

Démonstration de professionnalisme : Montrer un réel intérêt montre que vous êtes un professionnel sérieux et motivé, ce qui peut renforcer votre crédibilité aux yeux des recruteurs.

Exemples De Questions Et D'expressions Pour Montrer Un Réel Intérêt :

"Je suis impressionné par les projets récents de l'entreprise, notamment [nom du projet]. Pouvez-vous m'en dire plus sur la manière dont ce poste contribuera à des initiatives similaires ?"

"J'ai remarqué que votre entreprise accorde une grande importance à [une valeur de l'entreprise]. Cela résonne vraiment avec moi, car dans mon expérience précédente, j'ai toujours cherché à [lien avec la valeur de l'entreprise]. Comment cette valeur se reflète-t-elle au quotidien ici ?"

"Je suis passionné par l'industrie [nom de l'industrie] depuis [nombre d'années]. J'admire particulièrement la façon dont votre entreprise a réussi à [réalisation de l'entreprise]. Pouvez-vous me parler des projets futurs dans ce domaine ?"

"J'ai récemment lu [article ou étude récente sur l'entreprise] et j'étais vraiment impressionné par [point spécifique mentionné]. Comment cela s'intègre-t-il dans la vision à long terme de l'entreprise ?"

Conclusion :

Montrer un réel intérêt pour l'entreprise et le poste est une étape cruciale dans la préparation d'un entretien d'embauche. Cela crée une impression positive, renforce votre crédibilité et démontre que vous êtes motivé à contribuer au succès de l'entreprise. En faisant des recherches approfondies, en posant des questions pertinentes, en personnalisant vos réponses et en exprimant votre enthousiasme de manière authentique, vous augmentez considérablement vos chances de réussite lors de l'entretien et de décrocher le poste.

CHAPITRE 7

GÉRER LE STRESS

Techniques de gestion du stress avant et pendant l'entretien

Les entretiens d'embauche peuvent être source de stress et d'anxiété, mais une gestion efficace du stress avant et pendant l'entretien peut vous aider à performer à votre meilleur niveau. Dans cet article, nous explorerons des techniques de gestion du stress pour vous aider à rester calme, confiant et concentré pendant cette phase cruciale de votre recherche d'emploi. Ces techniques peuvent vous aider à prévenir les erreurs courantes dues au stress, à montrer votre meilleure version et à augmenter vos chances de réussir lors de l'entretien.

L'importance De La Gestion Du Stress En Entretien D'embauche :

La gestion du stress en entretien d'embauche est essentielle pour plusieurs raisons :

Meilleures performances : Le stress excessif peut nuire à vos performances et à votre capacité à répondre efficacement aux questions des recruteurs.

Image professionnelle : Gérer le stress montre votre capacité à gérer la pression et à maintenir votre calme dans un environnement professionnel.

Confiance : La gestion du stress peut renforcer votre confiance en vous, ce qui est essentiel pour impressionner les recruteurs.

Communication efficace : Le stress peut interférer avec la communication. La gestion du stress vous aide à communiquer clairement et efficacement.

Techniques De Gestion Du Stress Avant L'entretien :

Préparez-vous en profondeur : La préparation est la meilleure arme contre le stress. Recherchez l'entreprise, le poste et les questions d'entretien potentielles. Plus vous êtes préparé, plus vous vous sentirez en confiance.

Visualisation positive : Visualisez le succès. Imaginez-vous répondant aux questions de manière convaincante et impressionnant les recruteurs.

Exercices de respiration : La respiration profonde et lente peut calmer le système nerveux. Pratiquez des exercices de respiration avant l'entretien pour réduire le stress.

Faites de l'exercice : L'exercice régulier peut aider à réduire le stress. Faites une courte séance d'exercice le matin de l'entretien pour libérer des endorphines et vous sentir plus détendu.

Pratiquez des réponses : Entraînez-vous à répondre aux questions d'entretien avec un ami ou enregistrez-vous. Plus vous pratiquez, plus vous serez à l'aise pendant l'entretien.

Méditation et relaxation : La méditation et la relaxation peuvent aider à réduire le stress. Utilisez des applications ou des vidéos guidées pour méditer ou pratiquer la relaxation.

Organisation : Préparez tout ce dont vous avez besoin la veille de l'entretien, y compris vos documents, votre tenue et le trajet. Être bien organisé réduit le stress du matin.

Évitez la caféine : La caféine peut augmenter le stress et l'anxiété. Limitez votre consommation de caféine la veille et le jour de l'entretien.

Sommeil de qualité : Un bon sommeil est essentiel. Assurez-vous de bien dormir la nuit précédant l'entretien pour être alerte et prêt.

Techniques De Gestion Du Stress Pendant L'entretien :

Respiration profonde : Pendant l'entretien, si vous vous sentez stressé, prenez quelques respirations profondes pour vous calmer.

Concentrez-vous sur le moment présent : Évitez de vous inquiéter du résultat futur de l'entretien. Concentrez-vous sur chaque question et chaque réponse à mesure qu'ils se présentent.

Ralentissez : Prenez votre temps pour répondre aux questions. Le stress peut vous faire parler rapidement. Prenez quelques secondes pour réfléchir avant de répondre.

Écoute active : Écoutez attentivement les questions des recruteurs. Une écoute active vous permet de répondre de manière plus précise.

Visualisez le succès : Continuez à vous rappeler de votre visualisation positive. Cela peut vous aider à rester concentré et confiant.

Maintenez un contact visuel : Gardez un contact visuel avec les recruteurs pour montrer votre confiance et votre engagement.

Admettez le stress : Si vous ressentez du stress, il est normal de l'admettre. Les recruteurs apprécient l'authenticité.

Utilisez des techniques de réduction du stress en cours de route :

Si vous vous sentez de plus en plus stressé, pratiquez des exercices de respiration ou des techniques de réduction du stress en cours d'entretien.

Posez des questions : Si une question vous paraît ambiguë, n'hésitez pas à demander des éclaircissements. Cela montre votre souci de bien comprendre.

Comment La Gestion Du Stress Peut Influencer L'issue De L'entretien :

La gestion du stress peut avoir un impact significatif sur l'issue de l'entretien de plusieurs manières :

Meilleures performances : En gérant le stress, vous êtes plus susceptible de répondre de manière claire et convaincante aux questions, ce qui peut vous aider à impressionner les recruteurs.

Confiance : La gestion du stress renforce votre confiance en vous, ce qui peut vous aider à projeter une image plus positive.

Communication efficace : En évitant les erreurs courantes dues au stress, vous communiquez de manière plus efficace avec les recruteurs.

Adéquation culturelle : Les recruteurs chercheront à voir si vous pouvez gérer la pression de manière constructive, ce qui peut influencer leur décision finale.

Évaluation globale : La gestion du stress est un facteur clé dans l'évaluation globale des compétences d'un candidat. Cela peut influencer la décision de l'entreprise de vous embaucher.

Conclusion :

La gestion du stress avant et pendant un entretien d'embauche est essentielle pour performer à votre meilleur niveau. En utilisant des techniques de gestion du stress telles que la préparation approfondie, la visualisation positive, la respiration profonde, et la concentration sur le moment présent, vous pouvez vous sentir plus confiant et plus calme. La gestion du stress peut influencer positivement l'issue de l'entretien en améliorant vos performances, en renforçant votre confiance, en facilitant la communication efficace et en montrant que vous pouvez gérer la pression de manière constructive. En fin de compte, une bonne gestion du stress peut augmenter vos chances de décrocher le poste que vous convoitez.

Pratiquer la respiration profonde et la relaxation

La pratique de la respiration profonde et de la relaxation est un outil puissant pour gérer le stress avant et pendant un entretien d'embauche. Ces techniques permettent de calmer le système nerveux, de réduire l'anxiété et d'améliorer la concentration, ce qui peut vous aider à aborder l'entretien avec calme et confiance. Dans cet article, nous allons explorer en détail l'importance de la respiration profonde et de la relaxation, comment les pratiquer efficacement et comment elles peuvent influencer positivement votre performance lors de l'entretien.

L'importance De La Respiration Profonde Et De La Relaxation :

La respiration profonde et la relaxation sont essentielles pour plusieurs raisons :

Calme le système nerveux : La respiration profonde active le système nerveux parasympathique, responsable de la relaxation et de la réduction du stress.

Réduit l'anxiété : Ces techniques aident à réduire les niveaux d'anxiété et à éviter les sentiments de panique qui peuvent survenir en situation de stress.

Améliore la concentration : La respiration profonde favorise une meilleure circulation de l'oxygène vers le cerveau, améliorant ainsi la concentration et la clarté mentale.

Favorise la confiance en soi : La pratique régulière de la respiration profonde et de la relaxation renforce la confiance en soi, ce qui est essentiel pour faire face à des situations stressantes comme un entretien d'embauche.

Améliore la maîtrise de soi : Ces techniques vous aident à rester calme et à gérer vos émotions, ce qui est crucial pour répondre de manière réfléchie et professionnelle aux questions des recruteurs.

Techniques De Respiration Profonde :

Voici comment pratiquer la respiration profonde de manière efficace :

Trouvez un endroit calme : Choisissez un endroit tranquille où vous pourrez vous asseoir ou vous allonger confortablement sans être dérangé.

Position du corps : Asseyez-vous confortablement sur une chaise ou allongez-vous sur le dos. Placez vos mains sur votre abdomen.

Inspirez lentement par le nez : Prenez une profonde inspiration par le nez, en faisant en sorte que votre abdomen se gonfle à mesure que vous respirez.

Expirez par la bouche : Expirez lentement par la bouche, en imaginant que vous expirez tout le stress et les tensions.

Comptez vos respirations : Pour vous concentrer davantage, comptez mentalement le nombre de secondes que vous passez à inspirer et à expirer. Essayez de rallonger progressivement votre expiration.

Répétez : Répétez ce processus pendant quelques minutes, en vous concentrant sur votre respiration et en vous détendant profondément.

Techniques De Relaxation :

Voici quelques techniques de relaxation efficaces :

La relaxation musculaire progressive : Commencez par les pieds et remontez progressivement jusqu'à la tête, en contractant et en relâchant chaque groupe musculaire. Cela aide à relâcher les tensions corporelles.

La visualisation guidée : Fermez les yeux et imaginez-vous dans un endroit calme et paisible. Visualisez chaque détail de cet endroit pour favoriser la détente.

La méditation de pleine conscience : Concentrez-vous sur le moment présent, en observant vos pensées et sensations sans les juger. Cela peut aider à calmer l'esprit.

La respiration alternée : C'est une technique de respiration qui favorise l'équilibre et la détente. Elle consiste à alterner la respiration par une narine puis l'autre.

La musique apaisante : Écoutez de la musique relaxante qui vous aide à vous détendre et à calmer votre esprit.

Comment Ces Techniques Peuvent Influencer Positivement Votre Performance En Entretien :

Calme et confiance : La respiration profonde et la relaxation vous aident à aborder l'entretien avec calme et confiance, ce qui est essentiel pour une performance optimale.

Réduction du stress : Ces techniques réduisent les niveaux de stress, ce qui vous permet de répondre aux questions des recruteurs de manière plus claire et plus efficace.

Meilleure concentration : La respiration profonde améliore la circulation de l'oxygène vers le cerveau, ce qui renforce la concentration et la clarté mentale.

Gestion des émotions : La relaxation vous aide à gérer vos émotions et à éviter les réactions impulsives en situation de stress.

Communication professionnelle : En étant calme et détendu, vous communiquez de manière plus professionnelle et efficace avec les recruteurs.

Conseils Pour La Pratique Efficace De La Respiration Profonde Et De La Relaxation :

Pratiquez régulièrement : Intégrez ces techniques dans votre routine quotidienne pour les maîtriser et les utiliser efficacement en situation de stress.

Commencez par des séances courtes : Si vous débutez, commencez par de courtes séances de 5 à 10 minutes et augmentez progressivement la durée au fil du temps.

Restez positif : Restez positif et patient. La maîtrise de ces techniques peut prendre du temps, mais les avantages en valent la peine.

Adaptez-vous à votre préférence : Choisissez les techniques qui vous conviennent le mieux. Certaines personnes préfèrent la méditation, tandis que d'autres trouvent la respiration profonde plus efficace.

Utilisez-les avant l'entretien : Avant l'entretien, prenez quelques minutes pour pratiquer la respiration profonde et la relaxation afin de vous préparer mentalement.

Conclusion :

La respiration profonde et la relaxation sont des techniques puissantes pour gérer le stress avant et pendant un entretien d'embauche. En les pratiquant régulièrement, vous pouvez améliorer votre calme, votre confiance et votre concentration, ce qui aura un impact positif sur votre performance lors de l'entretien. La gestion efficace du stress vous permettra de répondre aux questions des recruteurs de manière plus claire et plus professionnelle, ce qui augmentera vos chances de décrocher le poste que vous visez.

CHAPITRE 8

PRÉPARATION DES DOCUMENTS

Rassembler des copies de son CV, de lettres de recommandation, etc

Rassembler des copies de votre CV, de lettres de recommandation et d'autres documents pertinents est une étape essentielle de la préparation d'un entretien d'embauche. Ces documents sont des outils précieux pour appuyer votre candidature, répondre aux questions des recruteurs et renforcer votre crédibilité. Dans cet article, nous allons examiner en détail pourquoi il est important de rassembler ces documents, ce que vous devriez inclure dans votre dossier et comment les utiliser efficacement lors de l'entretien.

L'importance De Rassembler Des Documents Pour L'entretien D'embauche :

Rassembler des documents pour un entretien d'embauche revêt une grande importance pour plusieurs raisons :

Soutien à votre candidature : Les documents tels que votre CV et vos lettres de recommandation fournissent des preuves tangibles de vos qualifications et de votre expérience, ce qui peut renforcer votre candidature.

Référence pendant l'entretien : Avoir ces documents à portée de main vous permet de répondre aux questions des recruteurs de manière précise et de montrer que vous êtes bien préparé.

Crédibilité : La préparation de documents professionnels montre votre engagement envers le poste et votre souci du détail, ce qui renforce votre crédibilité.

Facilitation des discussions : Vos documents peuvent servir de point de départ pour discuter de votre expérience, de vos compétences et de vos réalisations.

Quels Documents Inclure Dans Votre Dossier :

CV : Votre CV est le document central de votre candidature. Il devrait résumer votre expérience, vos compétences, vos études et vos réalisations. Assurez-vous que votre CV est à jour et qu'il reflète votre parcours de manière précise.

Lettres de recommandation : Les lettres de recommandation sont des témoignages écrits de personnes qui ont travaillé avec vous ou supervisé votre travail. Elles peuvent attester de votre professionnalisme et de vos compétences. Rassemblez au moins deux ou trois lettres de recommandation de personnes professionnelles de confiance.

Copies de diplômes et de certificats : Apportez des copies de vos diplômes, de vos certificats de formation et de tout autre document qui atteste de votre éducation et de vos qualifications.

Portefolio : Si vous avez un portefolio professionnel contenant des exemples de votre travail, assurez-vous d'apporter une version imprimée ou un accès en ligne à votre portefolio.

Liste de références : Si le recruteur vous demande une liste de références, préparez une liste de personnes qui peuvent attester de votre expérience professionnelle.

Exemples de réalisations : Si vous avez des exemples concrets de projets réussis, apportez des échantillons de ces réalisations, tels que des rapports, des présentations ou des graphiques.

Comment Utiliser Ces Documents Efficacement Lors De L'entretien :

Référence rapide : Gardez vos documents bien organisés et à portée de main pour pouvoir y faire référence rapidement si besoin.

Répondez avec précision : Utilisez votre CV pour répondre aux questions sur votre expérience professionnelle. Vous pouvez également utiliser des exemples concrets de réalisations pour étayer vos réponses.

Montrez vos compétences : Vos documents, tels que votre portefolio et vos exemples de réalisations, peuvent être utiles pour montrer vos compétences et votre expertise.

Établissez la crédibilité : Lorsque vous présentez vos documents de manière professionnelle, cela renforce votre crédibilité et montre que vous êtes un candidat sérieux.

Initiez la discussion : Utilisez vos documents comme point de départ pour discuter de votre expérience et de vos compétences. Vous pouvez expliquer en détail certaines réalisations ou expériences professionnelles.

Faites des références croisées : Reliez vos documents entre eux. Par exemple, si vous parlez d'une expérience particulière dans votre CV, vous pouvez mentionner que vous avez des exemples de réalisations à montrer pour étayer vos propos.

Préparez des questions : Vos documents peuvent également servir de base pour poser des questions aux recruteurs. Par exemple, vous pourriez demander comment votre expérience correspond aux besoins de l'entreprise.

Conseils Pour La Préparation De Documents :

Mettez à jour vos documents : Assurez-vous que votre CV, vos lettres de recommandation et autres documents sont à jour et reflètent votre expérience la plus récente.

Soignez la présentation : Présentez vos documents de manière professionnelle. Utilisez une mise en page propre et lisible, des polices de caractères professionnelles et une orthographe et une grammaire impeccables.

Organisez vos documents : Classez vos documents dans un dossier ou une pochette pour les garder organisés et les protéger des dommages.

Faites des copies : Préparez des copies de vos documents, au cas où les recruteurs souhaitent en conserver une.

Entraînez-vous : Avant l'entretien, pratiquez à utiliser vos documents de manière fluide et professionnelle.

Conclusion :

Rassembler des copies de votre CV, de lettres de recommandation et d'autres documents pertinents est une étape essentielle de la préparation d'un entretien d'embauche. Ces documents sont essentiels pour appuyer votre candidature, répondre aux questions des recruteurs de manière précise et montrer que vous êtes un candidat sérieux. En les utilisant efficacement, vous renforcerez votre crédibilité, établirez un soutien solide à votre candidature et augmenterez vos chances de réussir lors de l'entretien.

Organiser un dossier propre et professionnel

Organiser un dossier propre et professionnel est une étape cruciale pour bien préparer un entretien d'embauche. Ce dossier vous permet de rassembler et de présenter tous les documents et informations nécessaires de manière structurée, ce qui renforce votre image de candidat sérieux et préparé. Dans cet article, nous explorerons en détail pourquoi l'organisation d'un dossier est importante, ce que vous devriez inclure dans ce dossier, comment le structurer de manière professionnelle, et comment l'utiliser efficacement lors de l'entretien.

L'importance De L'organisation D'un Dossier Pour L'entretien D'embauche :

Organiser un dossier propre et professionnel est essentiel pour plusieurs raisons :

Présentation soignée : Un dossier organisé montre que vous attachez de l'importance à la qualité et à la présentation de votre travail, ce qui renforce votre image de candidat sérieux.

Facilitation de l'accès aux informations : En regroupant tous les documents et informations nécessaires, vous évitez de perdre du temps à chercher des éléments éparpillés.

Réduction du stress : Un dossier organisé vous aide à rester calme et concentré pendant l'entretien, car vous savez que vous avez tout sous contrôle.

Meilleure communication : Vous pouvez accéder rapidement aux informations nécessaires pour répondre aux questions des recruteurs et faciliter la discussion.

Quels Éléments Inclure Dans Votre Dossier :

CV : Votre CV est le document central de votre dossier. Assurez-vous qu'il soit à jour, bien formaté, et qu'il reflète de manière précise votre expérience, vos compétences et vos réalisations.

Lettres de recommandation : Si vous avez des lettres de recommandation, incluez-les dans une section dédiée. Assurez-vous qu'elles soient bien présentées et prêtes à être partagées si nécessaire.

Copies de diplômes et de certificats : Incluez des copies de vos diplômes, de vos certificats de formation et de tout autre document attestant de votre éducation et de vos qualifications.

Portefolio : Si vous avez un portefolio professionnel contenant des exemples de votre travail, assurez-vous de l'inclure dans votre dossier.

Liste de références : Préparez une liste de références professionnelles à inclure dans votre dossier, au cas où les recruteurs vous demandent des références.

Exemples de réalisations : Si vous avez des exemples concrets de projets réussis, incluez-les dans une section dédiée de votre dossier.

Questions préparées : Préparez une liste de questions que vous souhaitez poser aux recruteurs. Vous pouvez les inclure dans votre dossier pour vous rappeler de les poser pendant l'entretien.

Comment Structurer Votre Dossier De Manière Professionnelle :

Utilisez une pochette ou un classeur : Utilisez une pochette professionnelle ou un classeur pour organiser vos documents. Choisissez un modèle qui est propre et de préférence de couleur neutre.

Étiquetez chaque section : Utilisez des onglets ou des étiquettes pour marquer clairement chaque section de votre dossier. Par exemple, vous pourriez avoir des sections pour le CV, les lettres de recommandation, les diplômes, etc.

Utilisez des pochettes de rangement : Pour éviter que vos documents ne se froissent ou ne se salissent, utilisez des pochettes de rangement transparentes ou en plastique pour les conserver proprement.

Numérotez les pages : Numérotez les pages de chaque document pour qu'il soit facile de les référencer en cas de besoin.

Gardez une copie numérique : En plus de votre dossier physique, conservez une copie numérique de tous les documents sur votre ordinateur ou dans un espace de stockage en ligne, au cas où vous devriez les envoyer par e-mail ou les partager électroniquement.

Faites une liste de vérification : Créez une liste de vérification de tous les éléments que vous devez inclure dans votre dossier pour vous assurer de ne rien oublier.

Comment Utiliser Efficacement Votre Dossier Lors De L'entretien :

Soyez prêt à fournir des copies : Apportez des copies de votre dossier pour les recruteurs, au cas où ils souhaiteraient en conserver une.

Référence rapide : Gardez votre dossier bien organisé et à portée de main pendant l'entretien pour pouvoir y faire référence rapidement.

Répondez avec précision : Utilisez votre CV et vos documents pour répondre aux questions des recruteurs de manière précise et étayée.

Faites des références croisées : Reliez vos documents entre eux. Par exemple, si vous mentionnez une expérience particulière dans votre CV, vous pourriez dire que vous avez des exemples de réalisations à montrer pour étayer vos propos.

Initiez la discussion : Utilisez votre dossier comme point de départ pour discuter de votre expérience et de vos compétences. Vous pouvez expliquer en détail certaines réalisations ou expériences professionnelles.

Montrez votre souci du détail : Le fait de présenter un dossier professionnel montre que vous attachez de l'importance au souci du détail, ce qui peut renforcer votre image de candidat sérieux.

Conseils Pour La Préparation Et L'utilisation Efficace Du Dossier :

Préparez votre dossier à l'avance : Ne laissez pas la préparation de votre dossier à la dernière minute. Prenez le temps de l'organiser correctement.

Vérifiez la précision des informations : Assurez-vous que toutes les informations dans votre dossier sont correctes et à jour.

Pratiquez : Avant l'entretien, pratiquez à utiliser votre dossier de manière fluide et professionnelle.

Soyez prêt à personnaliser : Si nécessaire, soyez prêt à personnaliser votre dossier en fonction de l'entreprise et du poste pour lesquels vous postulez.

Conclusion :

Organiser un dossier propre et professionnel est essentiel pour bien préparer un entretien d'embauche. Cela vous permet de rassembler et de présenter tous les documents et informations nécessaires de manière structurée, ce qui renforce votre image de candidat sérieux et préparé. En utilisant efficacement votre dossier lors de l'entretien, vous améliorez votre communication avec les recruteurs, renforcez votre crédibilité et augmentez vos chances de réussir dans le processus de sélection.

CHAPITRE 9

PLANIFICATION LOGISTIQUE

Confirmer l'heure, la date et le lieu de l'entretien

Confirmer l'heure, la date et le lieu de l'entretien est une étape essentielle dans la préparation d'un entretien d'embauche. Cette confirmation est un moyen de garantir que tout se déroulera sans accroc et de montrer votre engagement envers l'opportunité. Dans cet article, nous examinerons en détail pourquoi il est crucial de confirmer ces détails, comment le faire de manière appropriée, et comment cela peut influencer positivement votre entretien.

L'importance De La Confirmation De L'heure, De La Date Et Du Lieu De L'entretien :

Confirmer les détails de l'entretien est essentiel pour plusieurs raisons :

Éviter les erreurs de communication : Des erreurs dans la communication des détails de l'entretien, comme l'heure ou le lieu, peuvent entraîner des désagréments et donner une mauvaise impression.

Démontrer votre professionnalisme : La confirmation montre que vous êtes professionnel, organisé et que vous accordez de l'importance à l'opportunité d'entretien.

Éviter les retards ou les absences : Confirmer les détails vous assure de ne pas être en retard à l'entretien, voire pire, d'y manquer complètement.

Réduire le stress : Savoir que vous avez confirmé tous les détails de l'entretien vous permet de vous sentir plus en contrôle et moins stressé.

Comment Confirmer L'heure, La Date Et Le Lieu De L'entretien :

Par e-mail : L'e-mail est un moyen courant de confirmer les détails de l'entretien. Écrivez un message clair et professionnel dans lequel vous remerciez l'employeur de l'invitation à l'entretien, puis confirmez l'heure, la date et le lieu. Assurez-vous de vérifier que vous avez correctement compris les informations transmises.

Par téléphone : Si vous préférez une communication plus personnelle, vous pouvez appeler l'employeur pour confirmer les détails de l'entretien. Assurez-vous d'être poli et professionnel lors de l'appel.

Par courrier : Si l'employeur a envoyé l'invitation à l'entretien par courrier, vous pouvez répondre de la même manière, en confirmant les détails par écrit.

Utilisez une lettre de confirmation : Vous pouvez rédiger une lettre de confirmation formelle dans laquelle vous remerciez l'employeur pour l'invitation et confirmez les détails de l'entretien. Cela peut être particulièrement approprié pour les entreprises qui ont une approche plus traditionnelle.

Contenu D'une Confirmation D'entretien :

Voici ce que vous devriez inclure dans votre confirmation d'entretien :

Remerciements : Exprimez votre gratitude pour l'opportunité d'entretien. C'est une occasion de montrer votre enthousiasme pour le poste.

Confirmation des détails : Précisez l'heure, la date et le lieu de l'entretien tels qu'ils ont été communiqués. Assurez-vous que vous avez correctement compris ces détails.

Contact en cas de problème : Fournissez un moyen de vous contacter rapidement au cas où il y aurait des changements de dernière minute ou des problèmes.

Confirmation de votre disponibilité : Réaffirmez que vous êtes disponible à l'heure et à la date prévues pour l'entretien.

Comment Cela Peut Influencer Positivement Votre Entretien :

La confirmation des détails de l'entretien peut avoir un impact positif sur la manière dont vous êtes perçu par l'employeur et influencer le déroulement de l'entretien de plusieurs manières :

Professionnalisme : La confirmation montre que vous êtes professionnel, organisé et que vous prenez l'opportunité au sérieux.

Engagement : L'effort que vous mettez à confirmer les détails montre votre engagement envers l'opportunité et l'entreprise.

Préparation : La confirmation peut vous aider à mieux vous préparer, car elle vous oblige à comprendre les détails de l'entretien.

Réduction du stress : Savoir que les détails sont confirmés réduit le stress lié à l'entretien, ce qui peut vous permettre de vous concentrer davantage sur vos réponses et votre performance.

Impression positive : Les employeurs sont plus susceptibles d'avoir une impression positive des candidats qui confirment les détails de l'entretien, car cela montre que vous suivez les procédures de manière professionnelle.

Conseils Pour La Confirmation De L'entretien :

Faites-le rapidement : Confirmez les détails de l'entretien dès que possible après avoir reçu l'invitation. Cela montre votre réactivité.

Utilisez un ton professionnel : Que vous confirmiez par e-mail, par téléphone ou par courrier, assurez-vous d'utiliser un ton professionnel et poli.

Relisez votre confirmation : Avant d'envoyer votre confirmation, relisez-la pour vous assurer qu'elle est correcte et sans fautes d'orthographe.

Assurez-vous d'avoir compris : Si vous avez des doutes sur les détails de l'entretien, n'hésitez pas à demander des éclaircissements à l'employeur.

Restez flexible : Même après confirmation, soyez prêt à faire preuve de flexibilité si des changements de dernière minute surviennent.

Conclusion :

Confirmer l'heure, la date et le lieu de l'entretien est une étape cruciale de la préparation d'un entretien d'embauche. Cette confirmation montre votre professionnalisme, votre engagement et votre souci du détail. Elle réduit également le stress lié à l'entretien et peut influencer positivement la manière dont vous êtes perçu par l'employeur. En confirmant les détails de manière appropriée, vous augmentez vos chances de réussir lors de l'entretien et de décrocher le poste que vous visez.

Prévoir suffisamment de temps pour se rendre sur place

Prévoir suffisamment de temps pour se rendre sur place est une étape cruciale dans la préparation d'un entretien d'embauche. Cela garantit que vous arrivez à l'entretien sans stress ni retard, ce qui peut influencer positivement votre performance et votre image en tant que candidat sérieux. Dans cet article, nous examinerons en détail pourquoi il est important de prévoir suffisamment de temps, comment le faire de manière appropriée, et comment cela peut influencer positivement votre entretien.

L'importance De Prévoir Suffisamment De Temps Pour Se Rendre Sur Place :

Prévoir suffisamment de temps pour se rendre sur place est essentiel pour plusieurs raisons :

Réduction du stress : Lorsque vous arrivez à l'entretien à l'heure, sans précipitation ni stress, vous êtes plus calme et confiant.

Professionnalisme : Arriver à l'heure montre que vous êtes un candidat sérieux et que vous accordez de l'importance à l'opportunité.

Temps pour se préparer : Arriver en avance vous donne le temps de vous préparer mentalement et de revoir vos notes ou documents, si nécessaire.

Image positive : Les employeurs apprécient les candidats ponctuels et organisés. Arriver à l'heure renforce votre image.

Comment Prévoir Suffisamment De Temps Pour Se Rendre Sur Place :

Utilisez des outils de cartographie : Utilisez des applications de cartographie, comme Google Maps, pour estimer le temps de trajet depuis votre domicile jusqu'au lieu de l'entretien. Tenez compte du trafic potentiel.

Prévoyez un délai tampon : Ajoutez du temps supplémentaire à votre estimation pour tenir compte d'éventuels retards inattendus, tels que des problèmes de circulation ou de transport en commun.

Recherchez le stationnement : Si vous conduisez, renseignez-vous sur les options de stationnement près du lieu de l'entretien. Vous ne voulez pas perdre de temps à chercher une place de stationnement au dernier moment.

Soyez prêt à l'avance : Préparez vos affaires la veille de l'entretien pour éviter de vous précipiter le jour J.

Vérifiez l'itinéraire : Assurez-vous de bien connaître l'itinéraire vers le lieu de l'entretien. Vous pouvez le faire la veille ou quelques jours avant pour éviter les surprises.

Comment Cela Peut Influencer Positivement Votre Entretien :

La prévision suffisante de temps pour se rendre sur place peut avoir un impact positif sur votre entretien de plusieurs manières :

Réduction du stress : Vous arrivez calme et concentré, prêt à répondre aux questions et à vous comporter de manière professionnelle.

Professionnalisme : Votre ponctualité montre que vous êtes un candidat sérieux et que vous accordez de l'importance à l'opportunité.

Temps pour se préparer : En arrivant en avance, vous avez le temps de relire vos notes, de vous rafraîchir la mémoire et de vous préparer mentalement.

Image positive : Les employeurs apprécient la ponctualité et l'organisation. Votre arrivée à l'heure renforce votre image en tant que candidat fiable.

Conseils Pour Prévoir Suffisamment De Temps Pour Se Rendre Sur Place :

Estimez large : Il vaut mieux prévoir trop de temps que pas assez. Ajoutez un délai tampon pour éviter d'être pris au dépourvu.

Vérifiez les informations sur le lieu : Assurez-vous que vous avez l'adresse correcte, le nom du bâtiment, l'étage ou d'autres informations importantes pour trouver le lieu de l'entretien.

Révisez l'itinéraire : Si possible, passez en revue l'itinéraire la veille de l'entretien pour vous familiariser avec le trajet.

Utilisez un GPS ou une application de cartographie : Ces outils peuvent vous fournir des informations en temps réel sur le trafic et les itinéraires alternatifs.

Préparez-vous mentalement : Profitez du temps supplémentaire pour vous détendre, vous concentrer et vous préparer mentalement à l'entretien.

Conclusion :

Prévoir suffisamment de temps pour se rendre sur place est une étape cruciale dans la préparation d'un entretien d'embauche. Cela vous permet d'arriver à l'entretien à l'heure, sans stress ni précipitation, renforçant ainsi votre image en tant que candidat sérieux et professionnel. En planifiant soigneusement votre trajet et en prévoyant un délai tampon, vous réduisez le stress, gagnez du temps pour vous préparer mentalement et augmentez vos chances de réussir lors de l'entretien.

CHAPITRE 10

SUIVI POST-ENTRETIEN

Envoyer un e-mail de remerciement pour exprimer sa gratitude

Envoyer un e-mail de remerciement est une étape importante après un entretien d'embauche. Cela vous permet de montrer votre appréciation envers l'opportunité d'entretien, de réaffirmer votre intérêt pour le poste et de renforcer votre image de candidat professionnel et poli. Dans cet article, nous examinerons en détail pourquoi il est essentiel d'envoyer un e-mail de remerciement, comment le faire de manière appropriée, et comment cela peut influencer positivement votre candidature.

L'importance De L'envoi D'un E-Mail De Remerciement :

L'envoi d'un e-mail de remerciement après un entretien est crucial pour plusieurs raisons :

Montrer de la gratitude : C'est l'occasion de remercier l'employeur pour l'opportunité d'entretien, ce qui témoigne de votre appréciation.

Réitérer l'intérêt : Vous pouvez réaffirmer votre intérêt pour le poste et l'entreprise, rappelant ainsi à l'employeur que vous êtes enthousiaste.

Créer une impression positive : Un e-mail de remerciement bien rédigé renforce votre image en tant que candidat poli, professionnel et attentionné.

Maintenir le contact : Cela maintient le contact avec l'employeur et renforce la mémorabilité de votre candidature.

Comment Envoyer Un E-Mail De Remerciement De Manière Appropriée :

Envoyez l'e-mail rapidement : Idéalement, envoyez l'e-mail de remerciement le jour même de l'entretien ou au plus tard dans les 24 heures suivantes.

Utilisez une adresse e-mail professionnelle : Assurez-vous d'utiliser une adresse e-mail professionnelle pour l'envoi.

Soyez concis et poli : Gardez l'e-mail court et professionnel. Utilisez un langage poli et respectueux.

Personnalisez le message : Évitez les e-mails génériques. Personnalisez le message en mentionnant des détails spécifiques de l'entretien, comme le nom du recruteur ou des points de discussion.

Exprimez votre gratitude : Commencez par remercier l'employeur pour l'opportunité d'entretien et son temps.

Réitérez l'intérêt : Faites savoir à l'employeur que vous êtes toujours enthousiaste à l'idée de rejoindre l'entreprise et de contribuer au poste.

Rappelez des points forts : Profitez de l'e-mail pour résumer brièvement quelques points forts de votre candidature ou des éléments de l'entretien qui vous semblent importants.

Posez des questions : Vous pouvez également poser des questions pertinentes pour montrer votre intérêt et votre curiosité. Par exemple, demandez quand vous pouvez attendre de recevoir des nouvelles sur le processus de recrutement.

Relisez et corrigez : Avant d'envoyer l'e-mail, relisez-le attentivement pour détecter d'éventuelles fautes d'orthographe ou erreurs.

Comment Cela Peut Influencer Positivement Votre Candidature :

L'envoi d'un e-mail de remerciement peut influencer positivement votre candidature de plusieurs manières :

Montrer de la gratitude : Cela montre que vous êtes respectueux et que vous appréciez l'opportunité qui vous a été offerte.

Réitérer l'intérêt : L'e-mail de remerciement rappelle à l'employeur que vous êtes enthousiaste à l'idée de rejoindre l'entreprise, renforçant ainsi votre candidature.

Créer une impression positive : Un e-mail de remerciement bien écrit renforce votre image en tant que candidat poli, professionnel et attentionné.

Mémorabilité : En maintenant le contact avec l'employeur, vous augmentez vos chances de rester dans sa mémoire.

Ouvrir la porte à la communication future : Poser des questions dans l'e-mail peut ouvrir la porte à une communication continue et à des informations sur le processus de recrutement.

Conseils Pour L'envoi D'un E-Mail De Remerciement :

Soyez rapide : Envoyez l'e-mail de remerciement rapidement, de préférence le jour même de l'entretien.

Personnalisez le message : Évitez d'envoyer des e-mails génériques. Personnalisez chaque message en fonction de l'entretien et de l'entreprise.

Restez concis : Gardez l'e-mail court et au point. Évitez de vous étendre inutilement.

Relisez attentivement : Assurez-vous de relire l'e-mail pour détecter d'éventuelles erreurs ou maladresses.

Soyez professionnel : Utilisez un ton professionnel et évitez tout langage informel ou familier.

Exemple D'e-Mail De Remerciement :

Voici un exemple d'e-mail de remerciement pour un entretien d'embauche :

Objet : Remerciements pour l'entretien d'embauche

Cher [Nom du recruteur], Je tiens à vous remercier sincèrement pour l'opportunité de m'entretenir avec vous aujourd'hui au sujet du poste de [Nom du poste] chez [Nom de l'entreprise].

C'était un plaisir de discuter avec vous et de mieux comprendre la vision et les objectifs de votre entreprise.

Je tiens à réitérer mon enthousiasme pour ce poste. Au cours de notre entretien, j'ai été impressionné par [mentionnez un point fort de l'entreprise ou de l'entretien] et je suis convaincu que je pourrais apporter une contribution significative à votre équipe.

J'aimerais également savoir quel est le calendrier prévu pour la suite du processus de recrutement. Quand puis-je m'attendre à des nouvelles ? Je suis impatient(e) de la possibilité de rejoindre [Nom de l'entreprise] et de contribuer à son succès. Merci encore pour votre temps et considération.

Cordialement, [Votre nom]

Conclusion :

L'envoi d'un e-mail de remerciement après un entretien d'embauche est une étape importante dans le processus de candidature. Cela vous permet de montrer votre gratitude, de réitérer votre intérêt pour le poste et de renforcer votre image en tant que candidat professionnel. En suivant les conseils appropriés pour rédiger un e-mail de remerciement, vous augmentez vos chances de créer une impression positive et de rester dans la mémoire de l'employeur.

Suivre le processus de recrutement et rester en contact

Suivre le processus de recrutement et rester en contact est essentiel pour maintenir une relation positive avec l'employeur, démontrer votre intérêt pour le poste et maximiser vos chances de réussite. Dans cet article, nous explorerons en détail l'importance de ce suivi, comment le faire de manière appropriée et comment cela peut influencer positivement votre candidature.

L'importance Du Suivi Du Processus De Recrutement Et Du Maintien Du Contact :

Suivre le processus de recrutement et rester en contact avec l'employeur sont des pratiques essentielles pour les raisons suivantes :

Démontrer l'intérêt : En restant en contact, vous montrez à l'employeur que vous êtes enthousiaste à l'idée de rejoindre l'entreprise et que vous suivez de près l'évolution du processus.

Mémorabilité : Vous maintenez votre présence dans l'esprit de l'employeur, ce qui peut être précieux dans un processus de recrutement compétitif.

Créer une impression positive : Le suivi régulier indique que vous êtes proactif, professionnel et que vous avez un véritable intérêt pour le poste.

Établir une communication : Vous ouvrez la voie à la communication future avec l'employeur, ce qui peut être bénéfique pour clarifier des questions ou obtenir des informations sur l'évolution du processus.

Comment Suivre Le Processus De Recrutement Et Rester En Contact De Manière Appropriée :

Envoyer un e-mail de suivi : Après l'entretien, envoyez un e-mail de suivi pour remercier l'employeur de l'opportunité et réitérer votre intérêt pour le poste. Vous pouvez également poser des questions sur le calendrier prévu pour la suite du processus.

Respecter les délais : Si l'employeur vous a indiqué un délai pour les prochaines étapes du processus, assurez-vous de respecter ces délais. Cela montre que vous êtes attentif et organisé.

Relancer avec précaution : Si vous n'avez pas de nouvelles de l'employeur dans le délai convenu, vous pouvez envoyer un bref e-mail de relance poli pour demander des informations sur l'état de votre candidature.

Poser des questions pertinentes : Lorsque vous suivez le processus, posez des questions pertinentes sur les prochaines étapes, les attentes de l'entreprise ou les détails du poste. Cela montre que vous êtes engagé et curieux.

Utiliser les médias sociaux : Vous pouvez suivre l'entreprise et les recruteurs sur les médias sociaux pour rester informé des actualités et des mises à jour. Cela peut être un moyen subtil de maintenir votre présence dans leur esprit.

Comment Cela Peut Influencer Positivement Votre Candidature :

Le suivi du processus de recrutement et le maintien du contact avec l'employeur peuvent influencer positivement votre candidature de plusieurs manières :

Démontrer l'intérêt : Vous montrez que vous êtes authentiquement intéressé par le poste et que vous suivez activement le processus.

Mémorabilité : En maintenant votre présence dans l'esprit de l'employeur, vous augmentez vos chances d'être retenu parmi les candidats.

Créer une impression positive : Le suivi régulier démontre votre professionnalisme, votre engagement et votre proactivité.

Communication future : Le maintien du contact ouvre la voie à la communication future, qui peut être bénéfique pour clarifier des questions ou obtenir des informations sur le processus de recrutement.

Conseils Pour Le Suivi Du Processus De Recrutement Et Le Maintien Du Contact :

Soyez régulier, mais pas intrusif : Le suivi doit être régulier, mais vous ne devez pas paraître intrusif. Respectez les délais et l'espace de l'employeur.

Soyez poli et respectueux : Votre communication doit toujours être polie et respectueuse, quelle que soit la situation.

Posez des questions pertinentes : Lorsque vous posez des questions, assurez-vous qu'elles sont pertinentes et utiles pour votre candidature.

Maintenez un ton professionnel : Utilisez un ton professionnel dans toutes vos communications, y compris les e-mails et les interactions sur les médias sociaux.

Restez patient : Le processus de recrutement peut parfois prendre du temps. Restez patient et continuez à suivre de manière appropriée.

Exemple D'e-Mail De Suivi :

Voici un exemple d'e-mail de suivi après un entretien d'embauche :

Objet : Suivi suite à notre entretien Cher [Nom du recruteur]

Je tiens à vous remercier une nouvelle fois pour l'opportunité de m'entretenir avec vous au sujet du poste de [Nom du poste] chez [Nom de l'entreprise]. J'ai vraiment apprécié notre conversation et j'ai hâte de pouvoir apporter ma contribution à votre équipe.

Je souhaitais simplement demander s'il y avait eu des développements récents concernant le processus de recrutement. Je suis toujours très enthousiaste à l'idée de rejoindre [Nom de l'entreprise] et je suis impatient(e) d'en savoir plus sur les prochaines étapes.

Si vous avez besoin de toute information ou document supplémentaire de ma part, n'hésitez pas à me le faire savoir.

Je vous remercie encore pour cette opportunité et j'attends avec impatience de pouvoir travailler avec vous.

Cordialement, [Votre nom]

Conclusion :

Suivre le processus de recrutement et rester en contact avec l'employeur sont des pratiques essentielles pour maintenir une relation positive, démontrer votre intérêt pour le poste et maximiser vos chances de réussite. En suivant ces conseils appropriés, vous montrez votre professionnalisme, votre engagement et votre souci du détail, renforçant ainsi votre image en tant que candidat sérieux. Cela peut également ouvrir la voie à une communication future et vous permettre de rester informé sur l'évolution du processus de recrutement.

Chaque étape est importante. Il ne faut en négligez aucune si vous souhaitez mettre toutes les chances de votre coté lors de votre entretien.

Un entretien se prépare et se travaille

Restez vous-même, ne soyez pas intimidé car si certains intervieweurs essaieront de vous mettre à l'aise d'autres vous déstabiliseront.

Que votre réussite soit grande !

Chères lectrices, chers lecteurs

Je suis auteur indépendant, j'écris, corrige, publie, et promeus mes livres moi-même. Pour m'aider à les faire connaître, je vous invite à me laisser votre commentaire sur la fiche de ce livre.

Votre avis compte, je lis tous les commentaires Un grand merci !

Réussir son entretien d'embauche
Copyright © 2023 par Mickaël Hemgé
Tous droits réservés.

Printed in France by Amazon
Brétigny-sur-Orge, FR

20964107R10097